書名：皇極數
副題：心一堂術數珍本古籍叢刊　星命類　神數系列　一
作者：題〔宋〕邵雍
主編、責任編輯：陳劍聰
心一堂術數珍本古籍叢刊編校小組：陳劍聰　素聞　梁松盛　鄒偉才　虛白盧主

出版：心一堂有限公司
出版社地址：香港九龍尖沙咀東麼地道六十三號好時中心LG　六十一
門市：香港九龍尖沙咀東麼地道六十三號好時中心LG　六十一
電話號碼：(852)2781-3722
傳真號碼：(852)2214-8777
網址：http://www.sunyata.cc
電郵：sunyatabook@gmail.com
心一堂術數珍本古籍叢刊網上論壇 http://bbs.sunyata.cc/

版次：二零一零年十二月初版
平裝：(四冊)

港幣　九百八十元正
定價：人民幣　九百八十元正
新台幣　三千九百二十元正

國際書號：ISBN 978-988-8058-57-0

香港及海外發行：利源書報社
地址：香港新界荃灣德士古道 220-248 號荃灣工業中心 1609-1616 室
電話號碼：(852)2381-8251
傳真號碼：(852)2397-1519

台灣發行：秀威資訊科技股份有限公司
地址：台灣台北市內湖區瑞光路七十六巷六十五號一樓
電話號碼：(886)2796-3638
傳真號碼：(886)2796-1377
網路書店：www.govbooks.com.tw
經銷：易可數位行銷股份有限公司
地址：新北市新店區中正路 542 之 3 號 4 樓
電話號碼：(886)82191500
傳真號碼：(886)82193383
網址：http://ecorebooks.pixnet.net/blog

中國大陸發行・零售：心一堂書店
深圳地址：中國深圳羅湖立新路六號東門博雅負一層零零八號
電話號碼：(86)0755-82224934
北京地址：中國北京東城區雍和宮大街四十號
心一堂網上書店：http://book.sunyata.cc

一 此刻數有二千方合此卦

二 一千 恩星相遇貴人引自有珍宝進門庭

三 四千八七 有餘不足人間事守旧安居且待時

四 時刻果真決非一姓

五 四千六五 安業守分可免損傷

六 二千八七 忍難忍事懼有萋菲

七 五千四三 居之安宜守舊

八 三千八七 無憂無慮宜室宜家

九 二千六五 人事不足日月盈虛

二千一十 五千六五 運隨時轉人事稱懷

一　二千六五　病符相侵鬼魅現形

二　二千の三　此刻丸火入亥亦火年補禀方合

三　屯蒙之象事不稱心

四　十九千　災危雖有大命無防

五　辰運是沖亦可嗟明月不覓黑雲遮

六　二千の三　見災可免損傷

七　秉性和暢襟懷磊落

八　七千の三　夢魂不知何處是南山惟聽杜鵑啼

九　癸　家宅平平防小悔財源滾滾福無双

二千二十　君財不滿千金業出入行藏儼富貴

一 九十四 壽元盡矣

二 創業成家不積善縱有祖業也虛花

三 壬 時來運通加倍利置田創業産名揚

四 甲の三 前途有泥濘徂人緩緩行

五 二十二 守舊安分保身好若不忍耐定破財

六 元二十 事多坎坷大運未交

七 辰運原來是庫神往來遨遊幾萬程

八 子息雖有育少損多

九 重山之外問黃金得遇人引路程

二千三十 二十 名登黃甲身赴瓊林

二千四

一 此剋分有前母属火土生我後母属火金

二 正官 若还求利富可得求名许只坐前程

三 二十五六 防失脱慎小人

四 二十三四 鵲噪南枝頻頻報喜

五 二十一二 逆水行舟篙槳難行且莫渡高灘

六 從此求名名可許只若求利黄如雷

七 祖宗德澤遠世代衣衿綿

八 辰運是庫神且將陰功延壽程

九 此剋有金木之妻生有水火之子後娶火土側室宜有火金之子方合

十 乙 士民既沾重恩福朝廷加職又高陞

一 直向西門參天竺存心率性悟真詮

二 十三の 思鮒得魴未如所願

三 喜鵲報亞又報吉春風生暖又生寒寒

四 卆六 春江新漲輕舟順流

五 正官 此運漸漸混過去莫般計較總由天

六 二十八七 耗曜出流年見災免禍纏

七 此刻金土之年魁文金木之年再緣方合

八 辰運是天羅破財免災方纔和

九 七十八七 一月暴十日寒寒既盡之日光漸減

二千五十 十七八 居之安平為福

一		自創自立光前德置田置地裕後昆
二	乙	出入財源加倍利平〻坦〻少虛驚
三	辛八七	行止不由人躁進終有損
四	丙	手执琉璃雪上走劝只无光莫乱行
五		一拳打破温〻丸免得乒乓过樊城
六	壬七	流年平安
七	辛の三	君子貞吉
八		辰運是一冲江阔孤舟路难通
九		记得孔圣与诸贤昔日曾厄陈蔡间
二千六十	辛の三	桑榆晚景

一 三千三之の 烟霧未收濛濛渡舟
二 經營得利如春樹市井謀為日日新
三 仲尼本是萬代聖豈料當初有桓魋
四 の千五六 行善可培元神
五 德義人欽敬戒慎戒自戾
六 三千五六 日昌日吉志大志廣
七 の九千 平穩之秋小利則有
八 辰運不良門庭光彩恐驚惶
九 出胎犯狗我救定有双生
二千七十 衣日有餘家一富一生快樂不求人

二千八十

一　座客未知弓掛箭鳥在林中好恓惶

二　三元甲　財来財去平々過

三　武曲星臨大魁天下

四　半生拮据家財盈衣度無虧度歲君

五　法緣到处还蜀錫道本方有順流

六　壬　正是日煖花正茂不覓西風雨飄々

七　庚　乍雨乍晴雲裏月半開半合雨中花

八　甲五六　八五都々市宮紫文輝

九　辰運喜逢々財源到处通

十　辛十五六　蜃氣楼台何新鮮畢竟可玩不可親

一 辰運吉昌人興財旺

二 三土 生子之年

三 壬 只見破退及吁嗟 免令眉邨見妻悔

四 官祿今而致仕 能莫逃乎數

五 共羨龍門第一 爭誇國士無雙

六 辛 八七 但只守己非執是非 還須小心

七 四千 四三 大旱之下油然雲生 沛然雨下

八 元 四千 时來風送滕王閣

九 辰運是一冲冲 開地庫福融融

二千九十 辛 二一 順水推舟 一瞬千里

一 七千三の 問雨課晴及時利樂

二 十三の 如春花之茂

三 方正服人為方〻表率

四 千二一 生子之年

五 三月 三月晴天三月雨花〻无掃一天星

六 骨肉如同山雪六親又似草中霜

七 丁 寒鳥林中啼〻叫乍晴乍雨不光明

八 五千八七 雲收山色麗〻雨過一天晴

九 辰運有不良交脫相續恐刑傷

二千一百 六千三の 說法天花欲墜談經地鬼來聆

一 六十三 流年不寧疾病常有

二 二十五 六 雖有災侵不得大命

三 四十八 朦朧度光陰

四 二十三 の 生子之年

五 田園廣濶声名遠家業興隆子又昌

六 死生有命大數止矣

七 辰運吉且祥善政佈甘棠

八 此刻數有十五子方合此卦

九 道途遠闊多遇貴德名遐播不逢凶

一百一十 二十一 二 蜀犬吠日眼界未廣

一百二

一 卒五六伍 命冲白虎陰功免劫

二 午の三 無災無難老境安閑

三 兄卒 心中有了難言逢人强为欢喜

四 卒六亟 數該生子

五 三卒の三 不聞不見防人暗算

六 無人之亡數定八月

七 午三 凤失無凰悲哉孔傷

八 辰運有一刑劫月且耐心

九 半世謀为圖裕後一生衣食足無虧

十 元卒 雖有棟梁之材未遇良工之選

一 壬運 東岸寺裡鐘暗掩誰想今朝敲不明

二 二十七 名登黃榜身宴瓊林

三 駟馬五命頻年跋涉于川

四 十七 八 生子之年

五 六十三 四 喪門相逢當有哭泣之哀

六 東西南北貴奔波歲歲征途奈若何

七 辰運是庵吟不歡心變也歡心

八 內助不相和獅吼是非多

九 六十一 二 東風輕借力順之好行舟

一百三十 命帶進神增子業散無內助一夫財

一	三十三の三	無心求財〻自至
二	三十二一	壬年刑尅不免
三		良人不幸如朝露守節閨中潔似霜
の		于橐于囊膏腴廣置
五	元三十	尅族生子
六	二十二一	得此失彼運当来至
七	二十六五	浮雲已散閨門清太
八		辰運由來欠隹亨獨守松門卧不寧
九		逢迎盡是朱紫客皈依偏令道德增
一百の十		此刻宜指火土之夫數定無子是甲宮順起

一 三十五六 法緣當逢貴福貴自天申

二 夫人一耳休得聽朝廷福祿自天申

三 四十五六 得失皆由前定不必怨天尤人

四 甲運多不利作事且平平

五 官由邑宰而行取譽重名揚

六 窺見室家之好穿拴穴隙之情

七 四十一二 有車無軌豈可長行

八 三十五六 秋月光輝神清氣爽

九 二月 千層浪中休弄槳獨木橋上莫騎馬

一百五十 四十五六 向陽花木早逢春

一 卆七八 莫道片雲难下雨 片雲下雨亦满江

二 与世无争安然自樂

三 摩訶般若忌唸色相无微散天花

四 斯人之逝定在七月

五 十二 命犯太歲斯年失利

六 二十二一 流年乘蹇无咎生灾

七 弟兄四人必有三貴

八 戊運是沖胎門前枯樹雪花開

九 の十の 椿樹風吹折 風木真悲切

一百六十 卆三の 官祿臨宮当升官職

一 三元四千 江山新雨足人在錦叢中

二 元三千 入春無多日好花未開時

三 白日若將黃卷讀青年奪得泮芹香

四 四千 運限平平還宜守旧

五 廩膳終日留心積善方可期貢

六 兄弟有三人各懷秦楚心

七 三千六五 江大有舟休足渡月明無洋莫孤行

八 四千八七 奔馳未能息勞碌不安閒

九 五千二一 名登鄉榜身宴鹿鳴

一百七十 戊運是刑傷繡花雖美不關係

一百八十

一 十二 啾唧啾唧幼年欠利

二 六親手足俱無靠到是他鄉有友生

三 三月 只怕清明陽鵲叫又恐谷雨子規啼

四 授任把總一命之榮

五 丙戌之年科甲及第

六 青人出門騎病馬文之雪擁在藍関

七 只家祖宗多德澤後代科名光史冊

八 試問早年運若何只許平安二字過

九 三十五 六 仕途平安作事有益

十 戊運是庫神好花色之新

一百九十

一 二十一 二十二 霜雪積深冬冬春来漸漸溶

二 十五 十六 嫩草逢霜難免焦黄

三 兄弟有六人樂奏九般音

四 三十四 正是壯年期奮翅如何一梦入黄泉

五 三十一 三十二 掘地求泉未能解渴

六 四十九 五十 多悔多憂頻蹙眉頭

七 待人多恩德親愛反招怨

八 二月 秦王有意難迴避誤却英雄豪傑人

九 六十三 六十四 春深桃李到處成蹊

十 兄弟九人当有一贵

一　五千三〇　性如烈火剛強不讓

二　細雨涼風頓解煩囂之氣

三　一点灵心巧得真能垂不朽付高人

四　矢志柏舟心似鉄操持端潔儼如霜

五　双親沾　圣寵母先赴瑶池

六　三千一二　行当暗晦螢火借光

七　五千五六　謀为叶吉諸事呈祥

八　二千七八　福自天申不由人造

九　二九三千　弔客臨宮孝服不免

二千二百十　七八　桃李争妍人事悠然

一 七千三の 德政民歌頌仕途多坦夷

二 五千一 憂憂怨怨牧羊山陬

三 不憚崎嶇路經商起大家

四 の九千 脱卻崎嶇又遇嵯峨

五 待交五旬外方是運通時

六 琴書高着鳧潟影鶴庭花滿吏成仙

七 六千二一 花間方過乇人已休

八 戌運沖堤世事逢之總不宜

九 雖然不是青雲客姓字流傳遐邇欽

二百一十 十二 歲犯白虎幸有化神

一	卆五六	活計无憑山高水深
二		一樹奇花正紅艷狂風疾雨又来臨
三		此刻金木之年入泮方合此卦
四	三十三の	滿面春風一肚憂鬱
五		戌運是冲刑逢着有憂心
六		生我是前娘
七		一对鴛鴦正並棲何期半世忽分飛
八	壬運	门对雨无情鳥不管人愁只管啼
九	三十五六	馬陷泥中躍亦难起
二百二十	罡九卆	上苑春風次第花红

一 二九四十 行人不前駿馬失足

二 五十七 謀為多左外落花流

三 三十七八 日光雲罩掩風捲見晴天

四 六十三四 天時人事合功名不必疑

五 丟人數絶定在五月

六 牛刀試彈九地驥足將行北闕馳

七 數外一母只出正宮

八 三十五六 流年未遂还須謹慎

九 亥上戌運帶刑冲若見退財逸災凶

二百三十 三十一二 池塘遇雨春外洋溢

二百四十

一 元二十 得少失多謀為多左

二 二十八七 浮雲掃盡天朗氣清

三 丑運 小舟掛帆狂風撼全憑祖德相扶持

四 二十八七 如花將開狂風雨來

五 二十二 年來多不利如雲蔽白日

六 丑運 一番人事多更變凡歷艱辛路不平

七 命帶吟神之煞當成半身不遂之疾

八 二十四 坎坷之年凡事莫前

九 戌運相逢不得意若不破財定有疾

十 此刻叔有四子方是順亥宮順推

一 丑運 身旺運又强早歲双親亡

二 將把成功祈福壽可免骨肉嘆凄凉

三 三十二 料定壽元盡盡矣

四 不辭風霜苦經營起大家

五 是個朝陽補衲僧高山流水出烟塵

六 三十七 舟車往來關津有阻

七 口快心直不驕不吝

八 無及母生臨亡可恤不是產厄是自縊

九 千里之駒豈終伏櫪

二百五十 財豐盡是經營出家業都從蓄積成

一 二十五 作事迍邅妨破耗

二 兄弟の人兩貴兩平

三 二十三の 月朗浮雲收清光照玉樓

四 成運是庫神冲開福更增

五 の九十 鏡与人俱去鏡歸人未歸

六 二十三の 滿面春風人道好多少不足自家知

七 の十の 凶神遇解神災晦不相侵

八 五十二 道途迷暗塵隔江風雨淋

九 一亥一亥又一亥の刑亥玉根奈何

二百六十 の十二 遠近求財々自得

二百七十

一	四千	年方不惑奈何終終世
二		戌運了美景至桃李杏兼梅
三	二千〇三	黃昏雨乍晴月色五更明
四	二千五六	天錫禎祥十謀九就
五		魚鹽自古稱良相貨殖而今仰大賢
六	二千六	失路之人東西莫辨
七		百里無然停驥是且看展翅赴 皇都
八	三千三	事事遂心極費精神
九	四千七八	花開似錦悅目償心
十		面傍桃花有楊妃之貌

一	子午五	行在暗道當光偕明
二		高垂絳帳真堪美育英才名愈彰
三	丑運	劝君切莫戀陰人戀着陰人必喪身
四		仙桥高卜牛是過人向狂風散蝶吹
五	六子八	此刻先產金木之女後生土木之兒方合庚宮 撇陽
六		飲酒歡歌人生幾何
七		擁節分符文武顯宣威制閫司道第
八	四子四	一朵浮雲掩日光
九		交上戌運歲月深堅牢不怕雪霜侵
二百八十	五午二	輕雲掩月太運朦朧

二百九十	九	八	七	六	五	四	三	二	一
三十五六	七九八十			六十七八	五九六十			一歲	卆四
流年犯凶星災晦苦相侵	平安為福	善緣處處通美名善口傳	功名寒窗下青年早採芹	謀望不成鏡花水月	綠陰之中見蹉跎羊觸藩籬可奈何	衣食有餘身常帶疾	身是經營求源財逐日增	浮雲掩月乍晦乍明	啾唧難免

一　戊十二　蒼松翠竹歲寒不改

二　丑　重〻危厄臨自未不至疾病多破財

三　早年運逆心懷暢值今中運多憂煎

四　丑　正是刘郎方得志犬吠昌尨却无心

五　四千五　履桥而過不測〻淵

六　丑運　垂〻立基業門內福无休

七　戌運是庫神名利日〻興

八　四千三四　南山虎嘯北岸鳳鳴

九　三千五六　馬足遲〻幸脫顛陷之人

二千三百　生母屬虎方合此卦

一	七十五 六	身閒心逸安康之吉
二	二十三 の	收族生子
三	一百二 二	百令加二春悠然往西行
四		手握兵權威勢重三軍司命姓名香
五	六九 七十	山崗虎怒行人須慎
六		交上戌運好因見星只行此限位高升
七	の千一 二	皎皎秋月行人不迷
八	子千 六五	紫氣結三台三塲捷報來
九		兄弟七人當有二貴
三百一十	丑	高人經傳刀門必第吉相臨

一　八十二　汲水烹茶清閑安靜

二　二十六五　教孩生子

三　四十四三　輕舟順水行人不驚

四　三十十二　教孩生子

五　五十二一　斗柄初回已交新喜氣盈門樂乃臨

六　九十九卆　安享清閑笑乾坤

七　四十六五　江水流洋洋進退意傍徨

八　三十二一　征帆風順一息千里

九　九十二一　越老越精神灾晦不相侵

三百卆　兄弟廿人終歸有難羣

三百三

一 三千の三 熊軾分符權半省 龍章錫命祿千鍾

二 帯妣之年數中已定

三 終身飄泊恨時低明月鴉飛无可棲

四 六千三の 寄語仕途人不欲林下樂

五 黄金久已埋塵土琢玉須當逢卞和

六 戌運是沖刑 二月桃花正芳芬

七 三九四千 月明中天光華之象

八 丑 得祿江濱身傍潤高人相遇自提携

九 二十八七 生子之年

十 無錢無妹一支獨成

三百四十

一 十五六 枝頭消息挾春來點綴梅花次第開

二 治家有則必掌大權

三 三十七八 榮卅之年

四 兄弟廿一人同父不同母

五 丑 昨夜一天星燦爛誰知今朝月滿江

六 元三十 生子之年

七 戊運子不然一火生三烟

八 六九 淅瀝秋聲愁不忍聽

九 拋却世俗從佛道前生一定有善緣

十 四十一二 前程亨太朝陽已上三竿

三百五十

一		兄弟二人叔有一貴、
二	甲二一	流年有坎坷花落可奈何
三	甲六五	洞庭明月近中秋景色無邊一望收
四	三十五六	一番風雨過好花依旧開
五		遷官之年
六	丑	祖上田園命不招白手成家顯英豪
七		業廣財豐常獲禎祥
八	三十一二	生子之年
九	丙年	時有指南車先往而不利
三百五十		紅粉簪花日夜遊賓客來

一　对策丹墀称佳士名標榜眼顯文章

二　二十三の　斯行有未遂不如且停驂

三　命中常騎馬到老不安寧

四　三十三　長江乳晴雨平地起風波

五　家業富足福無边便是人间地上仙

六　自成自立自撑持白手成家創業奇

七　丑　若問重山行何計財帛盈盈見富豪

八　八十七八　安閒無事日不必羨神仙

九　四十五六　炎氣雖蒸涼風漸至

三百六十　救中母不一生[illegible]我是汝娘

三百七十

一	元甲	官祿升迁定主有刑
二	二十六	寶鼎起清烟縷、焦翠鈿
三		潛心学問少年進庠
四		命多印綬兩受翁姑
五	五十〇三	躡足登樓其進未已
六	二十一二一	謀為不遂作事少成
七	五十七	井中无酒汲者興嗟
八	三十六	灾晦陡然西林夢入華三月中
九	六十三	金井梧落已動秋風
十	究九十	為問仕途人不如林下樂

一　　兄弟五人三人不存

二　五十の　月色将缺其光漸滅

三　丑　桃李滿園争妍色風吹柳絮過楊州

四　三十五　高山石傾行人有陷

五　の十七八　病魔相纏精神有損

六　元三十　車馬轔轔門庭一新

七　　其身拘牽前生果报

八　七十六　駕鶴乘雲去飄然竟不还

九　　孤神馬狗坐教中縱然有子不送終

三百八十　亢七十　安享其福无灾无咎

三百九十

一	五十五 六	劫煞凶神混门庭日夜鬧嚷不安寧
二		命犯孤辰青灯守節
三		皇家瑕自琢磨價重連城復可歌
四	五十七 八	花落鳥啼祇深惆悵
五	四十一 二	紫微星照祿位榮迁
六		命犯勞疾痞困花霜侵衣
七		田園自創亂因祖白手興家老更奇
八	三十七	作事無成謀之或拙
九		賢達皆欽仰貧賤亦皈依
十		老夫困我一青氈寂寞寒、窓伴少年

一　四千一二　羌笛一声吹出梅花之曲

二　丑　妻配奚命方免刑剋

三　只因東風昨夜起吹落梅花滿地金

四　三千六五　閨门寂寞愁听猿啼

五　双親曆　誥贈母先赴瑶池

六　一個功名容易得一個功名容易失

七　設帳而擁皐比誘掖後進

八　十七八　作事欠遂只因運限不利

九　八千七　全憑廣積陰功方出天羅地網

十　王酉丸　二千四百　凡事只須記身荣母孝臨

四百

一	五十一二	迷落烟雨坐灘頭　今日清明下釣鈎
二	十五六	病符相並災生意外
三		知只不是三場客　却是營中一將頭
四	十九二十	一馬一鞍可以馳驅
五	五十三四	前頭波濤駕巨舟
六	四十五六	疎櫺夜雨一隙光
七	丑	早把陰功延壽紀　免得與兵遇楚城
八		只食朝廷之祿　身居營伍之中
九	二十一二	其年貞吉
十	七十一二	解組之年

一 丑 蒼蝇点污无瑕玉不费資財也费心

二 七十三の 蛩吟声细殊堪歎息

三 知貝老更精神壮家業興隆子又昌

四 丑 弱水三千舟易渡平山十二馬啼程

五 五十三の 衙門之下可棲遲散求金馬枉费心

六 丑 绯衣便是登仙计九转黄芽煉不成

七 命裏帶孤神出家做尼僧

八 田園广置人中傑構得華居必業新

九 十五六 小物暢和快樂事多

四百二十 丑 再轄金台登大用玉帶垂身姓字香

一　救中不能承祖業自成立自自創奇
二　二十九　名登黄甲月赴瓊林
三　名註營伍之中得食朝廷之祿
四　離鄉别祖另立家業
五　早年財利似浮雲隨風飄蕩去無形
六　性情慷慨志氣英豪
七　二十一　二十二　武曲四命三場奏捷
八　十九　二十　一縛紅日出陰風漸漸清
九　七十五　七十六　解組之年
四百三十　二十一　二十二　陽和天氣忽遇雪霜

一		問名無成不如求利
二		花遇頭春行好運許只創發數千金
三		際遇喜連連今年勝去年
四	丑	血財旺相人廸吉福星閨門樂有餘
五	亢三十	暗裏飛來箭須防不測憂
六	の十一	五鬼方顯其人必亡
七	丑	閨門添喜人康泰萬里江山獨自明
八	の十七八	入山樵人引得利又得时
九	九十三の	晚景太順自適餘年
四百四十	二十一二	月圓月缺財去財來

四百五十

一 三十九 反覆蹉跎任是神仙怎奈何

二 六十五六 室家多吉大小安寧

三 七十〇三 向为社稷臣今作林下士

四 一派鳥飛去無踪跡且听杜鵑唧唧鳴

五 十三〇 欲上亭楼又無梯好个漁人指路迷

六 〇十七八 官祿榮遷

七 四十五六 流年有刑傷骨月嘆凄凉

八 五十九六十 星辰不利災晦相侵

九 未 春前繁花燻夜雨秋深孤雁落寒沙

十 冲官破食散亂慶姻緣

一 若問終身財源事平、、度日過春秋

二 四十七 八 風順掛高帆千里在瞬息

三 廣育英才名誉重胸藏八斗吐直豪光

四 二十三 祿馬往來流年吉利

五 八十五 六 一粒明珠夜放光玉人什襲重行藏

六 要識真龍尋妙穴全憑陰德萬福來

七 未 魚遊淺水貪花味忽然禿子一声驚

八 此刻火土之年入泮方合此卦

九 二十一 二 鳥困樊籠食雖足而不樂

四百六十 十九 二十 入天台而迷途見漁師而問津

四百七十

一 未 功名何日是遇龍之年定飛騰

二 四十五 正好庭前觀皎月忽然風起也悽惶

三 四十五六 榮遷之年

四 六十五六 歷盡崎嶇道路难登山涉水過秦関

五 三十九 三塲淂意扳桂及第

六 十七八 春光雖好風雨連綿

七 十七八 只宜守旧切勿妄為

八 十九二十 明月正中天又被高雲掩

九 木剋老乕当門立雖不傷人着一驚

十 三十九四十 流年不利

一　未　只愁好花無艷色誰識西楼月影沉
二　肓　身閒無事日從容出入行藏隱几重
三　田園自創人中傑何必區區賴祖基
四　木金揀玉家豪富一世安閒享福深
五　堪嗟姊妹無緣分縱然生得也難犀
六　二十七八　謀為順遂流年之吉
七　未　雄英困在愁城內早請夫人李氏貞
八　未　冲開庫地財源茂人在春風錦繡中
九　三十三の　且養浩然之氣再加克己之功
四百八十　此剋父母生于金木納音死于火土納音方合

四百九十

一		一生錢財难悠遠朝来暮去不久畄
二	未	石上灵芝根不凡雲肖有路上天衢
三	甲三 四	帯丹爵禄
四	辛三 の	出門逢猛虎無傷有一驚
五	二十七 八	正是壯年期奮翅奈何一夢入黄泉
六		功名何日遇鼠年定飛騰
七		中年得子莫嫌遲克振家声是此兒
八	七十三 の	東籬黄菊点綴秋色
九	未	黄河自有澄清日出匣菱花迴不同
十	十五 六	暗行崎嶇还借螢光

一　父同母年生註定同年死

二　早年蹉跎惆悵多從有錢財也消磨

三　四十三　有灾有晦眉頭交蹙

四　五九十　草木凋零逢春再發

五　祖業難由自創自立

六　六十八七　深山迷征路憑人指引歸

七　三九四十　順境好謀為

八　五十六五　凡点睞星落南樓見太陽

九　官任巡捕救誤前定

二千五百　四十八七　朝出夜入辛苦度日

五百一

一	三十八	教讀生子
二	四十五	官星顯祿位遷
三		早年得失財無定半甘半苦度年華
四		龍虎榜中題姓字鳳凰池上沐深恩
五	三十七八	坐于暗室之中幸得壁隙光照
六	四十三	南柯一夢悠然長往
七		功名何日遇牛年上雲衢
八	三十一二	吉利擁門庭麒麟天降生
九	三十七八	園林春正長日暖天花色
十	十七八	閒中調館幽人高品

五百二十

一　功名何日遇猴年定兆持

二　運遇財星相濟会許只創发千餘金

三　未　五行限度渾無了啾唧星辰自有此

四　三千〇三　喜氣盈門天降麟兒

五　〇千一　獨抱孤衾吊隻影空餘紅粉並殘粧

六　〇千八七　惟官並命爵祿常遷

七　有商賈之才無功名之分

八　元九三千　象卉並芳苑晚風忽吹折

九　三千〇三　有梯可騎直上亭樓

十　此刻父母生土木納音死火木納音日方合

一 三十 陟彼懸崖若怨

二 勞心勞力自家知根長東來（来）葉長西

三 二十七 二 將星亟命必入武庠

四 折桂月中香滿袖看花天上足生雲

五 陛任守倫光帶梓里

六 二十七 八 驥逢伯樂精神爽一顧千金價倍增

七 未 如鳥展翅騰空直上

八 二十五 六 玉燕投懷流年吉利

九 十九 二十 有心徒勞謀為難遂

五百三十 功名何日有逢虎是其時

一　寧靜一生衣食足吟風嘯月度流光

二　五六歲　命犯太歲災星難免

三　廿八　二豎已入肓妙藥不可救

四　三十五　正甲壯年斯大用何期一夢入華胥

五　五九卒　官星現祿位遷

六　三九四十　落日微風動簾開心自涼

七　喜得吉神來相救死裏逢生不必憂

八　三十八七　玉燕投懷

九　十二　一天星斗行人不迷

五百四十　祖宗功德能容易世代顯帶波及君

五百五

一 十三四 门外鶯声噪庭前草正春

二 数定生来即順途無憂無慮度春光

三 将運行来多黄福許君創置數千金

四 莫愁頭白方採藻原来數定自先天

五 三九四十 麟趾呈祥福自天申

六 承顏受祉產白手家業成

七 十五六 雨晴開霽色草木覔鮮妍

八 五十三四 進退退易惕勵無咎

九 數有三雁飛樓別樹

十 功名何日遇馬年許前秋

五百六十

一　十五六　无边紅紫天地陽春

二　二十二　道路生荆棘皇〻莫問津

三　四十六五　三陽已轉年華頓新

四　細雨連朝長途泥濘

五　三十六五　功名何日就半歲漏成名

六　固知白壁还为貴　世魁首做棟梁

七　田園寬廣光前業財帛豊隆裕後人

八　四十三の　簷前喜鵲噪好事頻〻来

九　終日忙〻苦奔馳錢財未取苦先知

十　兄弟九人秦楚之心

五百七十

一	五千八七	雖有凶祚犯幸有吉神臨
二	十三の	少年無求快然自得
三	未	此是仙翁得道日南柯一梦不回秋
四	十七八	若近若遠徘徊不前
五	九千	扁舟一葉半帆風急
六		功名成何日乾年定無疑
七	四十六	名登鬼録身到北邙
八	の十三の	東奔西馳蹤跡莫定
九	三十三	名登虎榜身染桂香
十	の十一	日照餘雲天地陽春

五百八十

一		吏案一簾水壓民間四野棠陰
二		簡在帝心需調燮記般國賦重海鼎
三	四十七	正是壯年申大用何期一夢入黃泉
四		增一閨門多吉利治家內助得康寧
五	六九二十	一念惟申安万姓不知年近古來稀
六	三十六	一樹梅花白玉開春風陣陣到樓台
七		為客他鄉可進財平生衣祿定無乖
八	六十七	掙挫度橋前境已半隱陷
九	二九三十	昏昏沉沉大運未臨
十	六十九	睞雨霏霏逐輕塵陽關路上送行人

五百九

一 六十三の 昧夜無心橫被孫登之誚

二 有妻又無妻衣祿又靠妻

三 十三の 風吹浮萍隨波上下

四 休嗟早歲財難聚發達还期在中年

五 十三の 春光明媚

六 數逢庚運福星迴陽春嫩柳綻黃金

七 功名何日遇逢猪之年噴芹香

八 棟梁之材不久長官星福現姓名香

九 命帶偏才妻有正副

十 祇有一子得以送老

一		此刻父死年屬金土方合乙宮除推
二	の千七八	閨中禎祥
三		閨中值此多煩惱恰似清風雨中花
四	十五六	楊和美景春色宜人
五	五千七八	一蹊又一蹊行人嘆路岐
六	五九六千	路當巉巖之處移步艱難
七	十三の	牡丹卻向雨中開
八		富貴不慕多貝賤樂只想山林好修行
九		休嗟早歲多迍邅四旬邊境命將亨
二千六百	二十七八	宜退守无妄謀

六百一十

一 五十三の 三春花柳却被風雨剥落

二 望高莫從楼上過採花休向水中边行

三 罒八 露水珠真堪愛太陽一出便消磨

四 三月 流年順利有謀斯遂

五 数有二子過继他人

六 早運錢財难遂意朝来暮去揔無凭

七 五十一二 流年當有吉星

八 三十 春風得馬蹄帰一日看遍長安花

九 の十二 長江雖有浪一葦渡行人

十 命带指背煞将恩反为仇

一　　　一生利交朱紫貴到處相合意氣揚
二　　　性情剛直特達不羣
三　十三の　遠近青山映入眼目
四　　　家藏千金好享福自過人
五　　　花開上苑防蜂採吩咐佳人自提携
六　三十五 六　隔江風雨急行人須仔細
七　二十五　鏡花水月總是虛況
八　三十二　仍是攢眉頭不必問流年
九　　　童年原是根基淺全憑陰德來扶持
六百二十　二十二　馬無摟轡不可乘行

一	三十の三	風平浪息扁舟穩渡
二	五十六五	不費心力求謀必成
三	二十二一	盆沼之魚未能圍洋
四	三十の三	踏破鉄鞋無覓處得来全不費工夫
五	二月	猶如春花榮茂蔭中饋内助得安亨
六	三十二一	出門皆坦道到處有逢迎
七		暖回春谷花開早身任政權姓字香
八	二十	眉頭開展事得安舒
九	の十八	秋風先有信丹桂一枝系
十	三十六五	樵人指引在前村走過一村又一村

六百三十

一　異路功名成于木火年方合此卦

二　三十七八　十事心頭九未全幽魂杳杳入黃泉

三　正是人逢美境地時来花發滿庭香

四　六十一二　玉兔相迎七煞熬煎

五　一生温飽食不盡自是前生帶渴来

六　七十七八　老寧康泰

七　四十八　南浦之別傷如之何

八　文昌臨救必飛騰木火之年是進秋

九　四十九　正是嬉遊觀化日誰知一夢入黃泉

六百四十　仰高樓之巍巍恨無梯之可躋

六百五

一	十五六	晚潮落去早潮至極目滄茫海谷平
二	六十一二	家室康寧
三		多藝多能小才足用
四		氣高志傲落落寡合
五		收來推來稱貴格金木之年定飛騰
六		收裡官鬼逢文書土木之年上雲衢
七	五十六	蔓荊塞道步履糾纏
八	四十五六	災悔相侵流年不免
九		榮膺 恩賜復任現縣令
十	六十七八	凶神前後改喜得吉神從

一		此剋妻死于金木之年方合
二		兄弟五人數有二貴
三	三十の三	索綯乘屋及時早圖
四	三九の十	羅網雖の布具喜能擺脫
五		先兒先女命何如將似出家之尼姑
六	二月	中秋月朗明如鏡好似花黃遇春時
七	五九の十	波浪如高扁舟穩渡
八	偏印運	三寸金蓮行不得請人扶過洛陽橋
九	の十九	風平浪息正將行舟
六百六十	四十五六	流年不順病符纏身

六百七十

一 五十一 年犯太歲凶多吉少

二 五十三の 事之不勞心者謀必湊合

三 莫恨幼年財不遂中年發富保始終

四 功名何日遂鷄年定奮飛

五 八十五六 时風时雨恨无凭紅减绿消損精神

六 野桥無舟逢深水山高日暮又重関

七 四十七八 倚窗獰々孤愁人風動流鱗雁高声

八 壽元止矣

九 十七八 一泓秋水碧琉璃魚編波紋自滑时

十 十六 風雨晦明晝夜不分

六百八

一 亓月 狂〻放下天羅網喜鵲門前喚怡人

二 亓千 七八 持花飛作絮点〻着人衣

三 奎壁聯輝探花及第

四 の十一 二 波過籐橋路可通行人自在趁春風

五 元千 朝夕奔馳徒劳无益

六 叔神操權威振三軍

七 罒千 三 の 閨中康泰

八 見豕負塗災入室中

九 丕千 此刻配金木之妻水土之子方合此卦

十 此刻当為收坤方合壬癸宫所推

六百九十

一	二千二一	行經羊腸進而未進
二		祖宗功德真深遠波及君家功名顯
三	八十六五	晚年安太
四		兄弟二十八人數有貴
五	三千六五	到處有逢迎特來姓字馨
六		臚唱玉階名魁金闕
七		此刻無兄無弟一人方合
八	の九二千	飽煖安閒心樂日永
九	五九千	身坐法堂談經法界
十	五千の三	流年坎坷愁病奈何

二千七百

一	六千三〇	雷振東西不及掩耳
二	九千二千	破財不利流年之咎
三	五千五	悪神相並災禍必多
四		中年發富莫嫌遲惟喜遲發更有餘
五	八千五六	此剋兄弟二人方合此卦
六	四千七八	搏極壽星並人事倍精神
七	八千七八	時逢劫肘退守為高
八	七千一二	醉起舞漿〻悠然樂意多
九		小橋扶藜杖緩步緣椅綠楊溪
二千七百	二千一二	流年平順

七百一十

一	七十七八	無病無憂老來之慶
二		父子皆青衿文星聚一堂
三		先花後菓子虛花
四	十七八	春色懊惱人懷眉頭鎖不開
五		早運不亨通風捲楊花西復東
六	三十五六	晦氣消除好運逢所謀皆合喜氣濃
七		偏財照命宮偏房生貴子
八		此刻有金土木之子方合此卦
九		妻配犬命不致中路分飛
十		此刻妻小于歸屬兔方是角宮

一 十三 童年清太

二 七千六十五 流年安吉福祿無疆

三 筆走龍蛇萬丈光秋闈得意姓名香

四 三千〇三 暑氣薰人居止未安

五 此刻前夫金水生有火土年再嫁有水土之字方合尾宮

六 兄弟九人尚有四貴

七 〇千六十五 霜雨霏霏長途泥濘

八 三千八 鄉科及第身飲鹿鳴

九 七千六十五 萬事得周全暮景享安寧

十 四千六五 爵祿榮陞壯年權重月崢嶸

七百三十

一		自幼出家前生善缘
二	四十七 八	灾青有犯流水不利
三		此刻母死于兑命方合此卦
四	六十五 六	馀寒猶未解何必问东西
五		此刻有木[水]金之子方合氏宫
六	八十九 十	灾临相侵流年不寧
七	三十七	牛羊相觸禍伎萧墻
八	四十一 二	盈盈花柳露濕红粧
九	二十五 六	江頭潮生往来不寧
十	四十一 二	往来勞心计較难成

七百四十

一　二九　三十　多灾多患鏡被塵埋

二　一生享用財錢足萬事無求無福自来

三　此刻配得衣衿之夫方合妻宫

四　十三　十四　旬年臨年位單月防灾危

五　四十五　四十六　逐鹿失鹿徒劳無益

六　七十七　古稀又七年今日别人間

七　五十七　五十八　不得亨志渊明東帰

八　二十一　二十二　謀事無成不如守分

九　十七　該生貴子

十　三十一　三十二　隆隆三伏天金風一夜爽人懷

七百五十

一	四十 二一	烟鎖池塘柳 不如且停驂
二	五十 六五	通都大邑掏了金倫
三	三十	前有阻滞安守为高
四	三十一	南國花烈烈恐遭霜雪
五	三十五	但得東風便一夜渡扁舟
六		此刻土木年父死兆命方合角宮起
七	五十 六五	陰陽調和雨露沾濡
八	三十 六五	利用建侯財源輻輳
九	三十 二一	出谷黄鳥載好其音
十	二十 二一	禍患逐人尤宜戒慎

七百六十

一 命犯天囚救美流徙外地

二 志願未休大救近矣

三 異地营谋財帛堆積

四 取市廛之利起白手之家

五 名登金榜

六 皓月十分明山川草木新

七 既知足自無辱

八 秋日照羣黎四境春風施

九 田園守祖能增大家業更進享福多

十 東風拂面寒其年事艰难

七百七十

一	八十五六	春酒既熟無日不足
二		若定能歸身為偏房
三	五九六十	青天展開碧琉璃萬里光輝路不迷
四		若有二雁飛棲別樹
五	十五六	淡雲蔽日春夢迷迷
六	五十五	夕陽西下牧人亡羊
七	三十三	豕驚躑躅灾晦相逢
八	四九五十	年來頻順面無憂容
九	五十三	禍來相絆牽趾維艰
十	五十九	蛩聲唧唧助我鼓盆之悲

七百八十

一		此刹配渴土木之夫身为側室
二		隻目不明
三	五九卒	人和意樂
四	二十二	披襟凉亭上漸覺爽氣生
五		命薄紅顏一樹花春風半曲斷琵琶
六	六十三の	運至时来家業興隆
七		早年順遂中年平財来財去枉勞心
八	五十五	夫別陽関去千愁并淚流
九		出入作息勞苦心經營渴意積多金
十	二九三十	馬蹄踏香塵錢財許称心

七百九十

一 五十五 霜雨霏霏長途泥滑
二 若問終身常枯事清閒自在度光陰
三 八十二 從容樂意自適餘年
四 六十九 此年事不寧災晦複相尋
五 四十一 同舟共渡定有風波
六 功名何日得成年奮雲衢
七 六十五 六 遇了崎嶇路前程盡坦夷
八 五十四 進事及第
九 此刹身入空門方合此卦
十 六十五 六 得保初終終安然進步

二千八百

一　莫怨寒梅結子遲暮年淂子不凋零

二　五十六五　勞心勞力支持不停

三　三十六五　乱落桃花舞春去三之五

四　尔乃有主之僕先天牧定

五　二十月　施恩多招怨燒來引禍殃

六　早年脫却紅塵念身入空門礼法王

七　十九二十　揚子江頭一小舟輕風相送順江流

八　父帶呻吟之煞当有半身不遂之病

九　十七八　滿目春色十分濃水流花落鳥呼風

四十八　前去有風波行人仔細過

一	五十三四	安閒歲月無有異懷
二	七十六	災晦不生平安之慶
三	十三四	堂前草生紅綠交加
四	十七八	有酒有醒人事開展
五	五九十	祥雲擁靜室善緣處處通
六	五十一二	自起樓台及時行樂
七		一世多辛苦白手能興家
八	五十三	病符相纏流年不利
九		此刻一旬之外尚無妻方合氏一宮
八百一十	十七八	事業不遂進三退五

一　此刻師死于木年方合此卦

二　十五六　梦尚未醒正在顛倒之中

三　七十　大數已定好花落矣

四　四十の　欽命奉賢卿闡衡鑑

五　此刻金水之年宜過継方合尾三度

六　五十六五　百憂而後喜难而復易

七　八十の三　曉望前山開霽色俄然風起而又来

八　二月　前後擁護厥之樂甚

九　四十九年　天授文衡士帰司命

八百二十　六十九年　德厚流光貴子生香

一 叔有一雁飛棲別樹

二 化僧化道優游逸民

三 夫妻同白髮鸞鳳許和鳴

四 二十一 二十二 人事今朝許暢懷春風麗日好花開

五 五十五 五十六 雲收雨散好問行藏

六 二十三 二十四 走到羊腸路樵人指途迷

七 四十三 名登黃甲

八 此刻父母生金木納音死水土納音方合

九 此刻水木之年弓馬入泮方合

八百三十 三十九 四十 花落又花開春風次第來

八百四十

一		若云積德寿元难延
二	三十	山下火發殃及室人
三		一目能見一目昏却有智謀服衆人
四	三十一 三十二	南浦之别傷如之何
五	四十七 四十八	晦氣来逼人花柳損精神
六	五十九	交錯交錯牧声羌笛梅花落
七	三十九	十事心頭九未全奈何一梦入黄泉
八		早年劫煞实地嗟身入元门有好花
九	五十三 五十四	流年駁雜事紛紛若見官兒免禍侵
十	二十五 二十六	謀事多不通行船又遇打頭風

一 十九二十 一生衣食有餘內外錢財足用

二 春光雖好風雨悶人

三 六十三の 山下席嘰行人仔細

四 双親最有壽母先赴瑤池

五 二歲 童年根固似喬松不怕雪霜不怕風

六 十三 童限不利晦氣相侵

七 二十五 声名顯達得意之时

八 此刻五旬之外未能娶妻方合畢度

九 十八 蘭膏已尽一重昏黑

八百五十 此刻屬金木之年已亡方合嘴度

八百六十

一　五行最有刑出胎便剋母

二　財帛莫嫌来得暮許月老景享荣華

三　只因五行無顛倒生平豐裕足無求

四　卒八七　運限舛錯憂之如何

五　卒二一　否極泰来剝盡而復

六　兄卒　內外康寧禎祥之福

七　生計無謀家業共財耗一似網羅風

八　大器尽矣

九　十九卒　洛陽春色好楊柳遍黄金

十　此剋火土之年定入土門方合鬼度

八百七十

一		此刻火土年中辛火木年出任方合柳度
二		知君早運無憂慮奈何中運却平常
三	四歲	童年命不堅四歲入黃泉
四	三十三	流年順逆如順水行舟
五	三十八	一念惟知期奮志奈何一夢入黃泉
六		兄弟皆青衿文星聚一門
七		只因命帶梅花運平通半塞度光陰
八	三十三	文光射斗牛名登黃甲秋
九	七十七	照耀改身當防險厄
十		生涯寂寞時之未通

八百八十

一		手足相離嚴君逝毋继亡人財六六
二		卜君之年止于七九
三	五十二	晝虎于墻不能傷人
四	十一	六陰之象事未安寧
五	四九 五十	事多阻滯靜聽許為
六	四十九	流年平平只宜守旧
七	七十三 七十四	今朝別世緣業算止九天
八		兄弟九人救有五貴
九	四十二	居上克明治下克寬
十	五十八 五十七	斯年有成圖遂心

八百九十

一 二十一二 鏡中之花僅可虛玩

二 十三四 春水遊魚快然自得

三 二十二一 謀事費心力緣只有未濟

四 二十四 一天星斗行人不迷

五 雖察秋毫之末不懼雷霆之声

六 二十二 芳名闯宇宙金榜姓名香

七 四十四三 小橋轉過便可通津

八 五十八七 美運相当財帛勃興

九 四十九五十 所為皆合運至时来

十 四十六五 喜氣盈門眉眼開展

二千九百

一 十五六 擁爐圍火煖氣薰人

二 六十九正月 一步一崎嶇高低不自如

三 四十七八 畫餅充飢謀之何左

四 五十 細雨霏霏長途难行

五 命帶劫神父当死于中風

六 十二 昏昏沉沉晝夜不分

七 十五六 流年欠利池塘烟雨

八 三十九四十 破財不利守旧为宜

九 六十五 積雨淋淋路滑难行

百 五十六五 浮雲飛去日月光明

九百一十

一	三十五	名登黃甲
二	五十三四	流年犯惡星病痛不安寧
三		早運暢懷中途差半明半暗度年華
四		此刻生人定為孤乞之人方合
五	二十一二	零落披離雨中桃李
六	二十三四	細雨連朝正微飛似有似無濕人衣
七	五十七八	璞玉在石無有人識
八	二十七八	謀之難遂徒勞心力
九		早歲不利多蹭蹬何期中運有花開
十	二十	生母本屬羊

一 此刹異路功名成于丙火之年方合

二 四千二 通霄風雨遍林泉十分春色便瑞珊

三 此刹火年而亡方合鬼柳度

四 九千九千 太歲相冲流年不利

五 三九四千 軍民皆感得便是仕賢

六 二千六 前去路遙遙何須問故交

七 百藥無壽元盡盡矣

八 三千一 秋桂一枝放鄉榜姓名香

九 祖孫父子俱青衿文星會聚盛一門

九百二十 二千六五 利不可求了了之無益

九百三十

一		妻配猪命不然中途分飛
二	三千の	春闈得意時黃甲姓名傳
三	三千二一	一番新雨草色青々
四	二千八七	黃昏不見高低路幸逢星朗照人行
五		兄弟八人數有一貴
六	の九五千	多少未了事時々攢眉頭
七	七千七	今日往西方數定已無疑
八	五千二一	馬南人北人馬交逐
九	五千の三	耿々不寐多有隱憂
十		千般業許壽元當尽

九百四十

一　此刻木金年入津土水年補廩方合星度

二　五十七八　美譽遠聞民仰中天法曜

三　此刻生有三子方合

四　此刻有三妻前妻屬土水無子後妻屬火木生三

五　五十七八　政治民心冰壺高直

六　他鄉之利可營謀若是在家財何由

七　五十七八　炎氣如蒸爽氣已傳秋令

八　三十九四十　憂懷種種眉攢今朝

九　此刻定主雙生一生一死方合此宮

十　此刻妻死于非命方合此卦

九百五十

一 五九卒 車無輗軏 其何以行

二 賦性淳良 存心質樸

三 四九卒 破財多不利 更受不自由

四 父兄弟多青衿 文星聚會滿一門

五 早年順利中年平 大財難得小財盈

六 青年處順境 中途多迍迍

七 十六 苦雨淒風 困厄之象

八 三十一二 秋草將枯 沛然下雨

九 四千五 久晴不雨 草色焦枯

十 此剋当有前母後母 死于兇命方合

一　財帛豐盈一世無憂

二　承先人之遠年祀榮身

三　二千八七　時雖未到豈能久屈

四　二千十三　新竹已抽芽成竿在指日

五　二千〇三　皓月已當空圖謀事事通

六　此刻當為經營貿易之客方合柳宮

七　見識明曆智謀廣大

八　六千八七　須休聲于道路揚美譽于鄉邦

九　此刻當為務農之人方合此卦

九百六十　五千六五　病符相攻喜得吉人護佑

一		早運逆水又遇灘直待中年將發福
二	十五六	運未及交半明半暗
三		此刻当為塞外商賈之家方合角宮
四	七十七	夕陽西墜數已盡矣
五	四十一二	錢財大發金馬馳來
六		当有六畜之称
七	二十九三十	瑞氣融融門庭吉慶
八		此刻当為奮志芸窗之士方合此度
九	十七八	一渓春水扁舟可渡
九百七十		此刻（金土）年捐監（木土）年捐貢（木金）年出仕方合此卦

九百八十

一 六親無靠骨肉無緣

二 二月 勞心勞力臨時度日

三 四十 六十五 花艷初紅暴雨疾風

四 五十 六十五 富裕且康惟田與桑

五 十五 十六 迍邅時不利欲進未能前

六 早年迍邅時不順再待中運福無窮

七 十三 四 好花將開風雨摧殘

八 六十 七 幽閒歲月平生多福

九 七十一 二 曉烟迷遠近沉滯

此刻父母生木水納音死火土納音方合午宮起

九百九十

一 二十七 二十八 前途應有漁郎利不必停驂玄問津

二 七十一 七十二 興至三盃酒閑來一局棋

三 六十三 六十四 持得松筠秀恰逢桃李花

四 四十一 四十二 雪吐梅花放又是一番新

五 三十四 三十五 有針無線縫欲穿衣不成

六 此刻有嫡母不是庶母所生方合乾坤卦

七 此刻命犯離宮方合此卦

八 財星未大現不能滿千金

九 五十一 五十二 華堂結構別樣規模

十 早年月色多朦朧直待晚景始光明

三千

一	丁	只逢丁運莫道好鳥雀門前来相噪
二	子十の三	三星左户百輛盈门
三	五十三	鼓舞高歌日暖風和
四		壽止
五	四十の	舉事從心眉頭開展
六		地據九州巨擘身为兩省諸侯
七	元三十二月	大廈要核持还須一木
八	元三十	既得静中趣翕然與世殊
九	午十一二	壽止

此刻父死木土之年随恨塚于金土年方合此數

四千一

一	三十四三	時沉一
二		月 巳宮中仔細詳
三	十	華堂春意暖喜事擁門庭
四	三十八七	寒暖失其常小咎終不免
五		惟知勤儉持家未識安安之樂
六	二十九	盈盈秋水淡淡春山
七	四十六五	于今榛過羊腸路坦道平平任意行
八		月建丙寅加甲戊癸丁宮中子細詳
九	七歲	光明之象如花遇春
十	四十四	萬物開新象韶光處處同

一　壬運　命中平平多蓄積安分守己莫妄為

二　四十二　利涉大川利有攸往

三　月建戊寅加甲庚癸巳宮中細推詳

四　三十一　梔苍正芳芬韶光隨處宜

五　五十四　挾山超海緣木求魚

六　亥運　人物般般皆遂意東西南北任君行

七　一二歲　嫩蕊初吐秀榮華漸漸昌

八　四十四　濁波有清流新喜換舊愁

九　月建庚寅加甲壬癸辛內宮任推詳

四千二十　興家創業無他比明月清風家道昌

一 九歲 如花運泰萌芽特達

二 十一 十二 飛符為害災青有之

三 正卯運 早澄菩提忘世慮遲招福祿不逢時

四 三十二 運逢佳境花遇陽春

五 究年 老來無恙是為多福

六 十八 大德相扶大吉之象

七 月建壬寅加甲甲癸巳宮中子細詳

八 十五 十六 少年登金榜風雲際會時

九 刑煞數定身難鋒及

四千三十 聯飛五雁中斷離群

四千四

一　此刻若還真子息貴如金 方合此刻

二　十七 十八　喜氣隆隆門墻彩 左右求之無不通

三　三十七 三十八　人坐春風其樂融融

四　勤苦修持緣不就 終老名山不遇時

五　為人安本分 衣食兩無虧

六　三十一 三十二　蘭花吐秀 倍有精神

七　十三 十四　突青叔怒為犯太究

八　月建乙卯加辛巳壬申宮中子細詳

九　十五 十六　渡過崎嶇路 前途盡坦夷

十　五十九 六十　坤人造化真奇特 一天星斗正光明

四千五十

一 五十四三 不假推移竟然進步
二 忠厚為懷特達出衆
三 亢三十 刻即莫恨蓬山遠驛使文書已到門
四 二十八七 尚無顏回壽可憐竟歸西
五 究七十 暮年為政從心所欲
六 二十二一 月浮水面可玩而不可挹
七 父屬雞母先亡
八 三十二一 深院鎖黃昏陣陣芭蕉雨
九 田園廣闊連阡陌家財富足比陶朱
十 四十八七 龍游淺水虎落平陽

月逢丁卯加辛癸壬丙宮中仔細推

一

二　四十八七　解神終莫敵凶神財財破耗又費心

三　二十二　利於進取遇貴揚眉

四　二十六五　突青叔忽值犯此年

五　三四歲　雨綾星臨啾唧不免

六　六九七十　瑞氣隆隆景象勝昔

七　佳人有正副魚水少和諧

八　七八歲　吉宿相扶疾病可免

九　五十四三　南花枯枝復發其榮

四千六十　五十六五　喜氣盈門事業更新

四千七十

一 三十五六 朱雀啣符至角引是非來

二 分有嫡母君出庶母

三 賦性莊重處世多傲

四 三十七八 龍在於田普其潤澤

五 六十三四 年來事又逼枯樹遇春風

六 六十一二 風來水上旋起波紋

七 十七八 運行劫度修德方免

八 口快心直無有宿諾

九 九十二 雪遍瓊瑤孝刑之咎

十 美景良辰君莫負桃夭色麗正當時

一 壬運 順風吹送洪都郡滕王閣上顯才華

二 四十三 樂事從心眉舒氣揚

三 月建己卯加辛丁壬戌宮中仔細詳

四 五十四三 人物通言謀為有功

五 二十六五 飛舞為害青究不免

六 十九二十 簷前有鵲噪報雨又報晴

七 修持半世難遇貴終老名山不淂緣

八 月建乙卯加辛巳壬寅宮中仔細詳

九 五十四三 連城白玉出藍田丹鳳翺翔上碧天

四千八十 此刻二旬之外未娶妻方合

四千九十

一 三十四三 災青劫殺此年有之

二 性情慷慨志量宏深

三 夫妻仝暮景蘭桂喜芳妍

四 七十八七 鳥鳴飲啄自得其時

五 四十二 密雲不雨自我西郊

六 二十四三 花開不久春光盡可惜瓊花一旦傾

七 聰明出衆穎悟超羣

八 四十四 一輪紅日映秋林光景無边物色新

九 二十二一 石皮川火大歲之咎

十 二十四三 雄鳥藏林內優游雲水间

一　二十五六　川火與目生為犯都計星

二　甲子之年鄉科及第

三　道念雖堅緣不遇埋沒名山到白頭

四　五十三　安如磐石屹然不動

五　一二歲　嫩柳隨風舞嬌花逐雨飄

六　振基業於當時播芳名於後世

七　父母

八　十五六　好花開滿錦繡叢喜氣盈門樂意濃

九　二十四　如金如錫如圭如璧

四十一百　月建癸卯加辛〻壬壬宮中仔細詳

一百一

一 二十五六 運逢刼度禳解或免

二 六十七 深秋黄菊晚景蒼髯

三 忠厚為懷溫良成性

四 四十二一 視履考祥其旋元吉

五 四歲 童子無知誰廢蓼莪

六 淮陰未遇受辱胯下

七 三十九四十 駟使傳信喜氣盈门

八 四十五六 花間似錦遍滿洛陽

九 二十四 如花正開又遭風雨

十 二十三四 明月清風人情舒暢

一　月建甲辰加庚甲乙丁宮中仔細詳

二　山外青山利可求前程發積在他州

三　罡五十　突肯翻怨為犯太歲

四　三十七　山高水深舟車難行

五　三十六　嚴君遊矣陟岵生悲

六　任他门外風波起遠避桃林免禍殃

七　四十七八　衣食無虧多勞碌一生常常近貴人

八　三十七八　昨夜征夫路上来梅花千里護樓台

九　月建丙辰加丙庚乙己宮中仔細推

一百二十　罡五十　世事不明謬迷于性

一百三十

一		数有三母之稱
二		姻緣当有蹺蹊不合明昏正娶
三	兕五千	人事原来欠佳好守分安常莫心高
四		勞苦終身衣禄足緣法終遇貴人扶
五	六月	有緣終遇貴人扶淺水蛟龍游海湖
六		初任把摠命、一、恩榮
七	四十八七	根深蒂固有為之勢
八	十六七	天降禎祥和合陰陽
九	六十二	春光冉冉無日不足
十	四九五千	芸館久潛心不憚三更燈火苦營今得步何難萬里雲程

一　三十五六　灾眚叔氣值此年

二　三十五　花錦襯雕鞍三月春光妍

三　六十四　既望月倍清偏体精神爽

四　月建戊辰加庚壬己辛宮中細推詳

五　三十九四十　飛廉照命灾侵破財

六　仁慈君子德忠厚大人心

七　一百○三歲　百齡加三春含笑往西行

八　三十三四　飛符照命灾眚不免

九　勞碌一生能守己衣食豐足遇貴人

一百四十　二十一二　日暮途窮心轉路通

一 三十六 突青赦龜此年有之

二 立志無驕傲存心在仁慈

三 金玉為質繪畫工 知君丹青妙不窮

四 溫溫恭人為德之基

五 運限時逢值赦龜卻似寒閨困孟嘗

六 一生苦志芸窗下晚景名標姓字芳

七 父母死于金木之年妻生土命子生水年從艮宮起

八 承祖父之箕裘不止守成

九 風流俊雅志識過人

一百五十 深秋黃菊晚景馨香

一　二十六五　一喜定然添百福门庭光彩有榮華

二　廣置良田財帛足創業華廈事稱心

三　月建庚辰加庚戌乙癸宮中仔細詳

四　三九四十　僧家皈依法门興旺

五　依傍貴人謀生有况

六　二十五　運際其亨所謀皆順

七　交運　山中尋璞方獲玉浪裡淘沙始得金

八　蛟龍不是池中物一遇風雲便可騰

九　六月　浪息風平正好行舟

一百六十　月建壬辰加庚〻乙巳宮中仔細詳

一		經營不憚離桑梓寄跡他鄉遇貴人
二	二十二	克享其福任意逍遙
三	三十八叉	安靜敖盤有妨運限
四	五十	年逢知命鏡破釵分
五	三十五	終日處眉頭誰識痛心頭
六	五八	室家康寧心安意穩
七	十五	花遇開不遇逢風艷映錦叢中
八	三十三	任意逍遙謀之遂意
九		勞苦終身不遇貴人
一百七十	二十二	人在中途飄然而過

一　　　　月建乙巳加癸巳庚壬宮中仔細詳

二　二十五　美景陽和君莫負及時行樂享安然

三　正印　半夜一陣雪花舞今遭又加一層霜

四　四九五十　年逢破耗須当謹慎

五　七十の三　能食煖衣以享高年

六　三元の十　小災啾唧未免有之

七　　　　官至撫院勲綿奕禩

八　　　　月建丁巳加癸亥辛庚宮中仔細詳

九　四十の三　瑞氣入蘭房其年定吉祥

一百八十　　衣食雖有身不靜苦行修持貴人扶

一 三九四十 春風羅綺佛門遂意
二 四十三 安常處順納福有餘
三 圭璋品格金玉丰姿
四 六十七 壽窮數盡命喪黃泉
五 胸藏八斗筆吐珠璣
六 筆端生造化心上起經綸
七 持籌且效陶朱術貿易他鄉遇貴人
八 陞授經歷指日榮遷
九 四九 五十 仕途成畫餅解組樂林泉
一百九十 蛟龍豈是池中物不久際會遇風雲

一　八九九十　風中之烛光搖不定

二　月建巳巳加癸巳庚丙宮中細推詳

三　六月　任尔狂風併雨到穩坐艨艟航自寧

四　若得修持心似鉄一生劳碌不逢緣

五　命有七子浔以送終

六　正卯運　閒道洞门山火恶休同王子去敲棋

七　五九六十　披蔴無情吊客盈门

八　三九四十　滿眼春光艷一身到首新

九　十五　如蓮出水日日清耀

二百　月建辛巳加癸戌庚戌宮中細推詳

一		不憚風霜險經商茂財源
二		聰明伶俐智識過人
三		瘋疾之災宿世之因
四	四十二	災眚叔盈逢四年
五	二十二	欲速則不達微雨度晴天
六		早歲出身原微賤却喜中運污、脫名
七		芊牛照文昌泮水姓名揚
八		桂蘭茂盛歡無盡田宅豐隆樂有餘、
九		文昌臨祿曜副榜姓名香
二百一十	二十二	月被雲遮半明半暗

一　生長名门不愧舊族

二　四十四三　一般愁懷人不識天空留与月明知

三　五十二一　名登庠序

四　二十四三　風捲浮云中天日麗

五　五十二一　結子離々花有根春風蕩漾快人情

六　四十の三　突青敲盤逢今年

七　三十二一　運至時行諸事湊巧

八　名门貞姿哲人之美麗

九　十五六　韶華新景快足暢懷

二百二十　六十五　駕鶴飛去飄然不歸

一		弟兄有五人各奏幾般音
二		有妻有妾命帶偏財
三	三九四十	四十年頭命已告終
四		旺夫益子誥命夫人
五	五十	微服過宋幸脫災厄
六	四十五六	貴人垂手引榮華漸可期
七	四十五六	隨取隨得指日歡然
八	二十一	淺水行重舟大費推移力
九		官至吏部天官冢宰
二百三十	四十七八	登岸閒遊大放春色

一　月建癸巳加癸丁庚〻宮內細推尋

二　五十六五　一水又一山高低緩步閒

三　二十四三　病符劫煞值此時

四　六十七　時通時塞運未到路高路低舉步難

五　四九五十　如上高山循級緩步

六　一百〇六歲　福生如意外豈知不為凶

七　名登庠序

八　四十二　禪门喜慶

九　月建甲午加壬丙丁巳宮中細推詳

二百四十　五十二　草木風塵外物色更交新

一		飄泊江河多遇貴經營妙策賽陶朱
二	五十 六五	勇退避嫌不隨情忌
三	二十の三	扁舟一葉半江風頃刻冥冥煙雨濃
四	六十七	花開正賞豈料壽終
五	四九 五十	知心多相負暗地有戈矛
六	一百○六歲	壽元百有六北邙歌独宿
七		得寿老君行道教符靈法應姓名揚
八	四十二	春雖遲遲喜得其利
九	五九 六十	喜慶重來家门迪吉
二百五十	二十二	雖有浮雲不掩其光

一		姊妹三人先損一丁
二		刼煞犯此年
三	五十六五	緩步隨行福自至 如鳥展翅任空飛
四		鵬鳥有健羽 得時便奮飛
五		生平文章喜清純 詞館文苑好立身
六	六十五	得意無求 往來春秋
七	四十四三	鳥棲高枝 不煩飲啄
八	五十八七	勇往求深 朗然無碍
九		几案印案生彩 簿書琴韻清流
二百六十	四十三	生子之年

一 五十の三 營入泮水
二 甲午之年鄉科及第
三 五十六五 冤仇紛紛擾擾不寧
四 官任學院嘉惠士林
五 藝路工夫加百倍泮水春暖筆生花
六 職授同知數由前定
七 六月 往來交接俱豪客出入偕遊盡雅人
八 五十八七 口舌交爭流年不免
九 六十の 行至斷橋必有危厄
二百七十 四十四三 數該生子

二百八十

一　四十八　風息雲收陽和日暖

二　正印運　回首暮雲天外闊經綸罷釣樂生平

三　月建丙午加午甲丁巳宮中細推詳

四　三十八　行來人事齊春色草萋萋

五　五十七八　天災及人有刑骨肉

六　正印運　犧牲養育成犀旺喜得閨門五福臻

七　六十　春深莫怨無顏色最喜葵榴映日紅

八　行年三歲喪嚴親義方之訓賴何人

九　三十五　弄璋之年

十　四十五六　數該生子

二百九十

一	六十の三	幾点疎星落南樓是太陽
二	九十の三	老年快樂寔無边秋月春花在目前
三	十九二千	琴瑟相調合巹之喜
四		窮愁寂寞轉淒涼
五		琴瑟緣何韻不調卻見反目度昏朝
六		先虧後振貴數中已間然
七		數載寒窗稽古典一朝虎榜奪魁名
八	二九三千	莫道天時暖雨零又晦陰
九	八十二一	恩星相照福自天來
十	四十八七	生子之年

一　披剃为僧人脱却当年累

二　二十六五　歲逢梅星知君不利

三　二十六五　无往不利運至元亨

四　当家劳苦憂煎早娶妻生子發福運

五　半世奔波財不聚一身劳碌不安閒

六　皓皓双鬓娛晚景古稀之外入黄泉

七　早運淹沉中運發梅花直向雪中開

八　五十四三　暮夜無憂心家室享康寧

九　二十二一　合巹杯中瑞珀飲玉欄杆下醉春風

三百　四九五十　生子之年

三百一十

一 四十六五 曲曲山岡路已通 幾人早起趁東風

二 若得祖宗默護佑 破耗財貨免已傷

三 十三 嫩柳不禁三月雨 奇花怎耐社前霜

四 四十卯三 搔首問青天 人事得周全

五 萬卷詩書藏錦繡 滿天星斗燦波濤

六 三十六五 憂已漸消 將來迪吉

七 十三卯 一輪新明月 数盡黑雲遮

八 五十六五 政治和平人爭羨 陽春有腳到家歌

九 早遲流年 作人婢妾

十 胸藏錦繡聲名重 筆吐珠璣遠近聞

一　官至侍讀近日天顏

二　四十二　出门淂活計活計享亨通

三　二十九　一低一高行路進劳

四　二十三　運来展芙蓉到處是春風

五　美玉幸逢良師識榮取拔貢姓名香

六　三十六五　喜氣臨门鴻麟降生

七　七八　求則淂之頗为如意

八　七十八　其安其康順境相忘

九　四十四三　门庭寂寞轉興隆云为事〻衆有功

三百二十　三九四千　不遇而遇攸往皆利

一 骨肉無緣兮朋友勝似親

二 二十八七 歡喜慶流年萬事待自然

三 千里經山發巨財家業豐裕不須猜

四 七十四三 帶納貞祥眉竊舒展

五 六十三 所遇逆境謀之皆左

六 一榜終身難登甲第

七 遇馬之年榮遊泮水

八 五十四三 貞祥迭見無不從容

九 蛇年照文星泮水姓名馨

三百三十 五十六 青雲扶足下鄉科及第時

三百四

一 寅運 藍田埋玉已變土翠柏青松竹滿山

二 四十二 財帛無憂得以自由

三 月建戊午加壬丶丁辛宮中仔細詳

四 假为三塲狀元客原是今人拎古人

五 王恩錫命分閫鎮細柳營開

六 二十八七 汪洋之水養蛟龍謀利多成財日豐

七 六十二 紫薇臨祿曜官職喜榮遷

八 正印運 人口平安無灾害看來還是主家人

九 月建庚午加戊已丁癸宮中仔細推

十 寅運 好鳥飛鳴高樹上呼晴喚雨樂怡丶

一 七十七八 一點流螢照路頭循循而進自無憂

二 志氣軒昂才華卓越

三 十七八 鳥聲巧囀助人樂意

四 勞心勞力苦奔馳究竟奔馳名利虛

五 泮水生香必遇兔年

六 五十三の 流年欠順須防破耗

七 才杜(高)李杜聲名重學富歐蘇譽望隆

八 月建壬午加壬壬丁丁宮內仔細尋

九 四十二 進取無功不若安分

三百五十 身閒無事福滿天家業崢嶸地上仙

三百六十

一　六十七八　日沉雲暗長夜不旦

二　七十五六　芳艸遍郊原春色上眉端

三　六十三四　紫薇照命官祿榮遷

四　八十四　蛩聲四壁淒涼之狀

五　知君不是三塲客乃是經商貿易人

六　五十五六　喪门相照刑尅不免

七　氣肅柏台綱紀振名高花軸雨露新

八　十七　解神有情灾毒自消

九　官至提督職位榮陞

十　六十八　嗟峨之路一遇坦夷

三百七十

一 二九三十 未可進步只宜株守

二 十七八 鼓瑟鼓簧絲蘿其品

三 二十八七 鳥止邱隅得其所止

四 四十一 所為不濟舉步皆錯

五 亂年文星照泮水姓名揚

六 三十の三 醉夢初醒神清氣爽

七 處處聞芳譽人人頌德聲

八 六十二 暖氣融融朝鼓暮鐘

九 四十三 東皇律轉換年華次第開時是好花

十 四九五十 病符劫煞犯此年

三百八十

一 四十〇三 求田問舍家業興隆

二 禹年文星照泮水好翱翔

三 一夫一夫又一夫原来命裡帶刑孤

四 越過此年恩曜護平途駿馬不須鞭

五 三十二 勞心勞力揔成畫餅

六 二十〇三 意氣揚揚進業添庄

七 牛年恩星照泮水採芹香

八 六十八〤 熙熙康泰精神壯不啻當年梁顥心

九 壽年花甲外一生得安然

十 二十二 祥光掩映畫堂明錦繡鋪張物色新

三百九十

一 三十九 出谷黃鸝載遷喬木

二 丙子之年鄉科及第

三 二十五 謀為事〻非筋力強支持

四 此刻父母生年木土方是此卦

五 十一二 人生過春風樂意正融〻

六 文昌詞畔有雞唱身採芹香列泮宮

七 五十二 順水行舟又得輕風相送

八 筆氣凌霄漢文成吐玉珠

九 十五六 紅燭高照堂喜氣兩眉揚

十 二十二 宜守其中

一　七十九　桃李笑春風扶疎綠意濃

二　識見高明機謀遠大

三　六十六五　紫薇星照官祿榮遷

四　九二十　名花開處錦粧成照耀堂前物色新

五　畫棟雕梁门庭生彩

六　甬嘯之年君須進步

七　二十四　數該生子

八　三十一　際時能駕馭左右得周旋

九　二十二　佳音喜際好春風長安十里杏花紅

四百　月建乙未加丁乙戊甲宮中細推詳

四百一

一　正印運　日出東边紅又綠豈同閨閣等閒人

二　五十二　病符刼煞值此年

三　欲圖利兮欲圖名名不就兮利則成

四　祖業消磨

五　四十六五　青雲生足下官祿應蒙陞

六　五十四三　名登庠序

七　月建丁未加丁巳戊丙宮中仔細推

八　術效陶朱為商賈寄跡江湖志不休

九　四十四三　生子之年

十　月建巳未加丁辛戊戊宮中細推尋

一 二十七 八 恩星相照官職榮遷

二 二十九 三十 賦性超羣心高志廣

三 路不迷途坦居然進津

四 己酉之年名登鄉榜

五 四十五 五十六 數該生子

六 五十三 の 雪遍瓊瑤孝刑之咎

七 他日乘雲歸西去高僧而位是賢徒

八 生母屬羊方合此卦

九 月建辛未加丁癸戊庚宮中仔細尋

四百二十 寅運 優遊人登高樓上鳩化為鵬上玉堂

一 四九五十 生計順無憂春去又復秋

二 五十三四 災煞犯值此年少泰

三 此刻父母生年合金火方合此卦

四 二十六 蒼蠅点破無瑕玉若不見災官事臨

五 五十五六 名登庠序

六 二十六 奔走艱辛總是空從朝至暮強支持

七 四十七八 弄璋之年

八 五十七八 枯楊生梯將來茂盛

九 壽元何日止六十外歸西

四百三十 三十二 美運正當興家業事々成

一 破耗於早年發福于中運

二 月建癸未加丁巳戊壬宮中細推尋

三 二十一 春深鳥語賞心樂事

四 文星照命遇猴吟今日優遊到泮林

五 肄業詩書名可問少遊太學列諸生

六 三旬之外運興隆左謀右求處處通

七 妻配水火方合此卦

八 寅運 辛逢貴人乘寶馬滿堂金玉綺羅中

九 四九辛 數該生子

四百四十 甲申月建加丙戊乙辛宮中細推詳

四百五十

序	數	詩
一	寅運	如花得雨枝〻茂青松翠竹兩相宜
二	八十七 八七	無日不從容安享矍鑠翁
三	二十五	数該生子
四	二十 四三	大舟過淺灘多費推移力
五	五十 六五	究煞有犯此年少泰
六	六十 四三	焚香念佛修福德汲水烹茶有善緣
七	七十 六五	破財不利老来之咎
八	五十 二一	生子之年
九	七十 四三	安樂度流年暗裡貞詳護

丙申月建加丙甲乙癸宮中好推詳

一　二十六五　燈花結蘂喜事頻來

二　槐棘聲華家國重鴻臚正位京華轉

三　作事至誠行藏不苟

四　八十八七　松筠冬更徤菊蘂秋始榮

五　戊申月建加丙丶巳乙宮中仔細詳

六　天府文章高一座南宮故事耀三台

七　五十四三　有財眞快足無求衆意深

八　五十八七　流年犯凶星灾眚恐不免

九　二十八七　運可有為及時猛進

四百六十　寅運　廣積陰功家獲福財喜双丶定可期

一	五十六十	凶神惡善值此年
二	三十五六	春色何無窮收拾笑顏中
三	七十三四	顛沛未為災官非又过来
四	二十	運限未亨動履多乖
五	五十一二	安享無事日便是得意時
六	三十五	人事得安門庭吉慶
七	三十八	尋着水源處指日見浸波
八	四十七八	一生行好事也得旌獎榮
九		喜得紫微星氣洋榮遷官祿國之光
四百七十	廿三四	運至高強圖謀順利

四百八

一		庚申月建加丙庚巳丁宮中好推詳
二	十三	花蕊初綻日不榮而自得
三	四十三	春光滿目無日不足
四	八十	俯仰無愧安樂順遂
五		喜氣解救逢凶化吉
六		文星照命有龍吟泮水洋洋好採芹
七		跛其一足前生一孽
八	卯四十	雖有浮雲掩日光俄然風起云歛藏
九		有徒二人可以送老
十	寅運	檢點志氣無人敵鯨鯤變化上天梯

一 犬吠喤喤名入宮墻

二 七十二 絕無有餘之事常享太平之年

三 椿樹萱艸得長茂椿樹風吹定在先

四 官任部使司

五 財帛豐裕生平快樂

六 三十 曲道推車進退艱

七 十五六 家庭康樂門庭吉慶

八 年少登科第秋闈得意時

九 逢鼠遇龍行美運知君財利遂心懷

十 早年失怙母復從良人

五百

一　壬午之年鄉科及第

二　壬申月建除壬丙巳土宮內細推詳

三　十七八　人生春風中名花錦繡叢

四　猴年進步文章生色

五　十一二　嚴霜欺嫩草喜得根基深

六　五十三四　莫笑馮唐窮易老羨君老景享榮華

七　四十一二　生計得有裕朝暮享安舒

八　八十七八　無災又無害安居福自來

九　生母屬馬方合此卦

丁酉月建加以癸甲申宮中好推詳

五百一

一		蛇年馬歲行好運青蚨無翅飛的來
二		官任編修詞壇直家容
三	五十七八	無破又無傷其年有吉洋
四		命犯孤神六親無依
五		官至參區榮享天福
六		幼失所怙隨母從人
七	七十三四	際運相逢喜事連無邊春景福無窮
八	廿二	天意拂人心間利只平平
九		命中多財多積一生享福無憂
十	十七八	一年又一年無日不勵勵

五百二十

一	七十九	提邊楊柳依依映人
二		文昌聯蛇藏龍門進步時
三	十一二	春日心畝畝遍野草色濃
四	三十六	半夜息風波扁舟穩渡河
五	七十三四	熙熙安樂怡然無求
六	四十五六	百福求意外利家自通衢
七	四十五六	客渡關中外指日滿載歸
八	十九	歡談生子
九	四十七	一池荷花停停直上
十	卅三の	初見太陽升求謀多多成

一　作事多憂處舉步悉惆悵

二　九十五六　安樂度流年福祿降自天

三　七十五六　心安意定克享其福

四　五十五六　名登庠序

五　三十三の　風捲浮雲日現中天

六　十五六　整頓琴瑟良辰美景

七　五十三の　入山樵人引得地又得時

八　六十六　人事無求風流水流

九　二十五六　岐山高峻舉步难行

五百三十　三十八　如山正值春和日 滿眼紅妝入畫

五百四十

一　二　三　四　五　六　七　八　九　十

六十五六

一　陰雨連綿眉頭交蹙
二　文章得意已步成名
三　意外生財不求自至
四　慷慨熱心腸行事無鄙吝
五　掃開天上霧錦上添花時
六　雞猴之歲財源發似筍抽林節節高
七　村村遍布綠楊陰綠陰之處可消停
八　天德相符家庭吉慶
九　丁酉月建加乙辛甲丙宮中仔細尋
十　朗月却遭寒霧掩明燈忽被雨風吹

一		苟合姻緣數已前定
二		命中豹尾惡星臨千里迢迢先作軍
三	四十五	數該生子
四	八十八七	灾悔相侵流年不寧
五		期年有不利水急舟難行
六	八十九	曲轉小溪露山境遇桃源
七	四十二一	安步趁前途不必費躊躇
八	六十八七	不特無灾厄相慶福寿增
九	五十二一	喜氣臨门麟兒降生
五百五十	三十三	江湖浪潮生烟消浪自寧

一 五十三の 喜氣臨门麟兒降生

二 二十二一 脫穎而出定頭灰歲

三 六十五六 花開不結寔空自快人眸

四 六九七十 多樂少憂蓄積成寔

五 三九四十 流年欠利

六 六十五六 風雨凄〻愁人寂寞

七 有子振家聲可以樂晚景

八 六十三 君非商賈途中客还作華觀作生涯

九 三尺之珉頌洪麻汝南之楚歌大化

五百六十 自入元门法王相親

五百七

一 天蔭善門麟兒降生

二 姓字列俊秀秋闈占魁名

三 四朶名花二双姊妹

四 五十二 風雨無憑梨花飛舞

五 前山一望樹木烟籠

六 內無乖戾之氣外有愷悌之風

七 一身勤儉為本命中財利有餘

八 出谷遷喬進居高處

九 其人之亡当在冬月

十 枯枝再榮草全仗東風力

一 五十七八 天發善门玉麟降生

二 猪年文星照泮水姓名揚

三 四十七八 子胄月蒙流年吉慶

四 大運三旬外財帛揔稱心

五 四十三四 財福充盈内外無驚

六 五十五六 見幾勇退不招恥辱

七 三十三四 懋功勲于一世著芳名于百年

八 筆識璇璣之術胸藏大衍之機

九 二十五六 風圍荷珠圓而復碎

五百八十 寅運 出入三思防陷阱盤根錯節用精神

五百九十

一 寅卯之年財勃發萬里無雲月正輝

二 名登庠序

三 嘉儀鄭重桂子傳芳

四 雷聲雖大全無雨放下心懷且自寬

五 玉燕投懷老人之慶

六 圖謀湊合財帛勃發

七 更籌刻漏夜未央子規啼時割斷腸

八 五十七八 事事可求無有阻滯

九 三十三 數該生子

十 從容扳月桂騰踏上天梯

一	三十五六	黃鳥遷喬木巧言奏笙簧
二		袂袂同卿位近日名高豸史振從天
三	五十六	寂寞恨更長踈星送太陽
四	四十七八	煖氣拂拂到正當十月天
五	十三四	吉曜相當人情快暢
六	二十七八	滿園花發正芳菲幾點蕭踈雨細微
七	寅	荊山偶然逢卞氏琢成玉璧鎮家邦
八		巳酉月建加丁巳甲戌宮中仔細詳
九	五十三四	按轡徐行步步通亨
四千六百	寅	究如龍虎相逢正是風雲際會

六百一十

一 五十五六 若要稱心財遂意大羊之歲光豐盈

二 名登庠序

三 五十三 事業隆隆起門庭喜氣生

四 五十七八 羊腸路上幾盤旋一轉危坡即坦然

五 兄弟三人二人送老

六 五十一二 謀為順利運至時行

七 七十一 疾病淹淹東風飄飄

八 大運四的外謀之皆遂意

九 妻該因產死血刃犯流霞

十 辛酉月建加乙巳甲庚宮中仔細詳

六百二十

一　七九八十　坐安車以馳驅當險坡而籌著
二　堪嗟孔懷緣分淺數中縱有君先離
三　白虎犯紅鸞妻當因產遊
四　二十六五　作事不遂大運未通
五　四十六　走過陽途忽遇陰處
六　十一二　如花將開東風徐來
七　四十八七　兆姓咸安衆戶戶享和平
八　運行東方地名成利就時
九　桂子叢生少結實騰蛇天狗犯兒宮
十　四十二　未逢其時豈能有為

一 休苦藝艱辛財源日〻新

二 財喜三的外謀之自廓然

三 二十四三 喜氣隆〻門庭清吉

四 身閒無事樂忘憂野花村酒樂不休

五 賦性剛直事多好勝

六 四九五千 高樓千仞壁一叫百鳥驚

七 丰姿穎悟迴超羣秀氣清明邁衆英

八 身膺民社任恩澤布甘棠

九 自愧一生未登貴幸有賢郎振家聲

六百三十 癸酉月建加乙未壬午加上甲子詳

六百四十

一　寅　輕舟風順多快便舟人心內樂滔滔

二　二十八　生計平安寬然有慶

三　六十六　六陰停極消長不息

四　九十八　身心舒泰福祿駢臻

五　三九四十　運至高強圖謀順利

六　丁卯之年鄉科及第

七　六月　財帛隨人來圖謀事事諧

八　只因命帶凶神煞桂子叢中結實稀

九　心無主宰隨事變遷

十　四十二　財帛逐日望大運自高强

一 丙戌月建加戊午辛巳宮中仔細詳

二 丰姿美若荊山璞粹質純如麗水金

三 半作生涯半作田一生衣食在心堅

四 身任民社之膏譽聞郡國之清

五 不成商賈不成儒終日閒遊享祖餘

六 辛七晉 滿園花開果事祿懷

七 一世財帛足用生平享福過人

八 不感餘年事〻宜黃金遂意常〻輝

九 燕嶺桂閣呈秀色謝庭蘭菊播芳馥

六百五十 五九辛 名升庠序

一 三九四 洛陽花如錦春風送好音
二 六十一 朝歌暮衆克享成福
三 甲戌月建加戊甲辛午疊丶好推詳
四 寅 休嘆百年榮辱事春風潑蕩甘雨來
五 四十五 春風依旧到城村又見城村錦繡紋
六 慕蕭娟李妝之風習孫吳司馬之學
七 甲 好花插在秋江上單衣午夜欠安寧
八 戊戌月建加戊丙辛干加辛好推詳
九 讓足前頭有二君杏花十里馬蹄輕
六百六十 十三四 事〻錦添花華榮自可誇

六百七

一　庚戌月建加庚戌辛辛宮中好推詳

二　生母屬兔方合此卦

三　四十　流年順遂謀為有功

四　五十八　但得微風順掛帆到江東

五　善守祖父業得以自閒遊

六　七十五六　和氣充盈家室有慶

七　十歲　生母屬龍方合此卦

八　五十三四　只宜守己不可妄為

九　三十一二　日日笑顏開財源滾滾來

十　身閑無事日從容酌酒高歌隱者風

一 壬戌月建除壬戌辛戌宮中細推詳

二 敏銳天姿如碧玉精華體質似明珠

三 五十四三 室家安樂事事更新

四 三十六五 謀事喜有功年來迥不同

五 法緣多順遂處處有春風

六 三九四十 順風送扁舟瞬息忽千里

七 十三四 貞祥天送來春煖百花開

八 五十六 穩足無憂往來春秋

九 佳人二姓庶免叙分

六百八十 乙亥月建加甲乙乙庚宮中好推詳

六百九十

一 正妻開花不結實天降側室產名駒

二 佳人不與春光老秋景迴採並蒂蓮

三 若向功名當成就不逢之處自相逢

四 二十三四 孝服之咎

五 四十五六 行到桃源流水處綠楊影裡任君眠

六 塵埋鏡台無持先衰

七 十七八 合巹杯中浮艾酒玉欄干下醉春風

八 七八歲 新月掛松梢清光桐影交

九 十載飛熊符吉夢一朝老蚌產名駒

十 三十二 春來花爛熳秋去月光輝

一	三十八七	春風吹遍洛陽城到處花開錦繡明
二	十三	遇險而見逢凶化吉
三	申	霏〻細雨迷芳藥沉〻六出映雪花
四	四十二	皎月正淺空清光自不同
五	五十六五	囊中有物宜檢點恐有群邪起陰謀
六	申	前荊後棘休動足暫過此運便亨通
七		丁亥月建加辛丙丁寅宮中仔細詳
八		問利三旬外在右逢其原
九	二十二	事業有不專進五而退六
四千七百	五十	無憂無慮安樂事業

一 小〻成家〻多吉微〻五業〻更隆
二 巳亥月建加戊癸巳申宮中細推詳
三 一生無大患到底得安寧
四 六十四 数上佳人唯共老琵琶撥出斷腸聲
五 申 打獐失犬空勞力緣木求魚枉費工
六 鶺鴒原上音蕭踈鴻雁雲中影独孤
七 五十二 登山有路可以徐級
八 五九卒 名卄庠序
九 中運平〻樂有成裝福生財晚景興
七百一十 十一二 一陣東風消除寒氣

一 十一二 芙荷葉上水風動不相宜

二 雖然未遂扳龍志國學蜚敵列後英

三 七十五 珠沉合浦鏡破釵分

四 辛亥月建加庚乙戊癸宮中好推詳

五 許君架上題名姓身遊國學好蜚聲

六 十八 髫年失母報恩無由

七 好是青竹蛇兒口犹如黃蜂尾上針

八 七九八十 衰年暮景風燭多憂

九 癸亥月建加壬乙戊土宮中好推詳

七百二十 申 花開花落三更雨半煖半寒草不蔭

一	六九七十	風雨朦朧楊柳減色
二	六十二四	老來志未衰泮水採芹田
三		問文無益問武可成
四	卅四	搖曳狂風不勞力而自舉
五	四十五六	管絃歌裏慶春風兆瑞吹噓樂大同
六		命帶貴人當遇顯榮
七		將星照命當握兵權
八		佳人有偏正中饋於一人
九	四十五六	氣象崢嶸家門蕃矣
七百三十	卅六	不勞心力謀之皆吉

一		成家多鞅掌立業無息肩
二	四十六	琴瑟相調不期絃斷
三	三十七	景色無邊一望収盡
四		近賚求謀終至大富
五		不須卜甲子甲子有餘零
六	卅五	少樂多憂常受不足
七	申	甲子月建加臨癸丙戌宮中好推詳
八		家業興隆榮華孰同
九		此刻主以金木水之子方合此卦
七百四十	五九六十	行人休息柳陰下留至桃花處處紅

一 申 淡淡雲遮天上月 輕輕風逐雨中花

二 艽罕 堆積財帛事皆相伯

三 其人之亡當在冬月

四 月建丙子加乙辛丙壬宮中仔細詳

五 五十四六 舟過逆風江心搖曳

六 此刻招得土金之失木水之分方合屯卦

七 三十四 事事錦添花葉茂自可誇

八 執主當權功名出於武職

九 運行於方地名成利就時

七百五十 辛卯之年鄉科及第

一 戊子月建加乙〻丙火宮中細推詳

二 廿二 大道推車坦然前進

三 六十一二 懷抱寬舒遭際坦然

四 八十四六 大限已盡一夢黃粱

五 八十一二 老運更高強黃菊從秋香

六 申 迴觀世情皆好數舉〻但意合天然

七 七十三四 隨政隨足老運高強

八 六十一二 景色不同舊歡嶶樂意多

九 四十三四 際會榮昌叨天之福

七百六十 庚子月建加巳上丙申宮中好推詳

七百七

一 申 喜得樵夫为路引 等閒白地有黄金

二 功名出於時 累身任兵權

三 五十三四 光景非前日 内外得安然

四 十五六 天喜臨门 宜尔家室

五 五十二一 往来康莊 洋洋自得

六 二十四三 龍入大海 再歸深山

七 以育授職 光榮梓里

八 五十八 數該生子

九 早年得利如春樹 中運生財似水潮

十 壬子月建加丁火 甲乙宫中仔細详

一　三十四三　祿席無慮萬方奠安

二　官任廉吉品隆翰苑

三　二十三　五彩繩牽月老繫就

四　数有大財承祖基而發跡

五　筆掃九天雨露胸藏萬斛珠璣

六　六十四三　菊開園林黄花熲麗色鮮

七　三十四三　若陶侃之奇才烽烟莫定

八　三十四　路走羊腸得人指引

九　財臨庫地守祖業而昌榮

七百八十　乙丑月建加壬　癸辛甲宮內仔細詳

一 八十二 五更漏長東方日出

二 四九五十 閒事相侵究悔不寧

三 以舉人而授職光榮梓里

四 遵細柳之威嚴侍虎帳而名高

五 一生萬事總成空幾經淒涼幾經風

六 田園廣闊承先志詩礼淵源啟後人

七 運早財早人之大幸

八 十五六 登樓未有梯舉步有遲回

九 官星照命身握兵權

七百九十 四十四三 爽氣澄清煩囂頓除

四千八百

一　三十七八　風雨無憑桃紅柳綠損精神
二　天官照命当隨肥馬之塵
三　以進士而授職數由前定
四　三十五六　仕途有變幼舉步宜謹慎
五　五九六十　說盡菱花鏡清影倍光明
六　五十三四　芙蓉秋菊晚景芬芳
七　三十五六　恩報圖易事克有濟
八　運行南方名成利就
九　文章出色光楓陛翰院清高換貳宸
丁丑月建加乙壬辛丙宮中仔細詳

八百一十

一	六十二	名登庠序
二	五十二	無事無非安閒歲月
三	五十五	春入三陽萬物榮昌
四		國學終身數由前定
五	三十二	顏回之壽君將毋同
六	四十一	人在山峽中大貴掙拙力
七	十七	少小登科第青云足下生
八	二十二	路逢曲徑人心迷遠觀月始知東与西
九	五十二	舟行淺水往來不易
十	二十五六	乖違無定半通半塞

一　申　盛世揚名光前裕後

二　六十二　月德吉星臨门庭喜氣新

三　已丑月建加丁甲丙巳宮中仔細詳

四　三十　謀为有反復大運未至時

五　海角可棲身早暮在江湖

六　官星顯耀身膺郡邑之榮

七　五十三四　謀事皆通不勞心力

八　三十八　小橋路轉草故葉新

九　十三四　中天物色人事光華

八百二十　知君再轉登大用腰纏玉帶荷　皇恩

一　　嫩笋初出林老竹両相依

二　十三四　荷花出水点綴紅粧

三　　其人云亡当在葭月

四　　祿擁群從当膺民社之任

五　六九七十　花開正賞風雨又来

六　四九五十　財源滚滚来满逐笑顏開

七　八十三四　月光初减夜又光明

八　四十五六　艸色正凄凄東風吹綠衣

九　六十一　秋至花凋残実悔有相侵

八百三十　　食粮当權柳營將帥

八百四十

一 讀書應有青雲路貿易錢財冠一方

二 僕馬成羣奴婢成類

三 生母屬蛇方合此卦

四 出身非庶母定是後娘生

五 有緣多遇貴到處是通衢

六 五十二 喜色上眉端其年事事歡

七 謀高胆大智識過人

八 数主專權食天家之俸祿

九 玉堂坐擁宜修學業

十 雁行排陣棣蕚聯輝

一 元二子 運已從人不妨猛勇而進

二 六十二 老來遊泮文章遇緣

三 数定有財白手成家

四 子星失位孫侍渡枝

五 二十二 陽和正美景名花次第開

六 安閒可比閑彭澤慷慨惟期魯仲連

七 三十七八 掛帆遇順風蹡忽行千里

八 天狗臨宮早子夭折

九 二十四 新竹成竿凌空而上

八百五十 少年勤筆硯文章蔚國華

一　申　道上花如錦天边月愈明
二　四十五六　流年容易過寄語报平安
三　二十九　曲道推車進退兩難
四　六十三四　風急轉波涛偏舟已傍岸
五　貢士終身却由前定
六　學堂照命宜有貴若是貿易財亦豐
七　六十三四　喜氣臨门高掛南窓
八　欲從泮水揚名姓須要青燈惜寸陰
九　運行西方名成利就
八百六十　三十七八　喜氣臨门事業更新

八百七十

一 二九千 壯畧固金湯威名四海揚

二 八十五 月色正光明轉眼黑雲生

三 戢揆州同數由前定

四 十七八 雪遍瓊瑤冷氣益清

五 比肩原是連根卄一見傷官便有灾

六 二十七八 慎固封守四境安寧

七 辛丑月建加乙丙庚癸宮中仔細詳

八 七十五六 衆事重〻發看芙蓉

九 二十三四 官星燦爛毅名赫福耀輝煌遠近聞

十 乙丑月建加丁巳辛戊宮中細推詳

八百八十

十	九	八	七	六	五	四	三	二	一
		六十三四	七十五六			十一二	比		
苦志芸窗名可許縱然放下利如泉	癸丑月建加戊己丁甲宮中細推詳	老來政益通凡事宜謹慎	不幸萱花落蒼蒼孝服臨	癸酉之年鄉科及第	若棄詩書異路有成	不暖不寒和平景象	財發如水漲叡名遠近聞	早把上蒼叩并祝太平年	戎馬崎嶇隨營翼長

八百九十

一 十一二 春風化日淋氣迎人

二 比 日麗浮雲散花開顯者来

三 六十の三 年老遊泮

四 庠生涯而近貴衣祿豐盈

五 癸卯之年鄉科及第

六 比 求名有得不如所愿

七 生母之為龍方合此卦

八 五十の三 聽歌敲於道路揚美譽於鄉邦

九 美玉得遇良工識中運不致藏荊山

十 三十二 恩星相照閨中獲福

四千九

一	三十八七	好友三人同知已分明一人沭上麻
二		丁酉之年鄉科及第
三		若棄詩書亦可致富
四	七十八六	老來失偶獨旦誰語
五	二十六五	王事靡盬少年政勇
六	五十四三	財帛勃蕟天意從人
七	四十六五	大順小逆順逆不一
八	四十六五	名登庠序
九	十五六	聚散无常如浮云之飄蕩
百	七十六五	老蚌生珠慶盈懸弧

九百一

一 五十二

二 比 未能遂意不可大意

三 十五 年少懸張慶也何如

四 二十六五 車轂周旋轉環如意

五 七十六五 老來喪父寧不傷悲

六 二十八七 舉步多如意謀為事事

七 四十六五 雨洒郊原艸木發生

八 二十八七 陽和三月景春點百草芳

九 四十八 大海揚帆自然快捷

十 叔 不妨手足分共去白手猶能發大財

一　三十七八　巨舟遇順風攸往无不利

二　五十五六　沉滯不解兩眉強舒

三　叅領佐領預卜三遷

四　元三千　壽元盡矣

五　二十七八　位居西南雖危無咎

六　身入空门多獲福念逐凡塵總是空

七　二十三四　月上南樓光明普照

八　習詩書功名可許为賈商財利可期

九　六十七八　錦繡重重喜氣融融

九百二十　三九四十　天曉夢初醒枝頭好鳥鳴

一 刧

二 刧 文王仁且聖羑里也幽囚

三 六十六五 年踰花甲方標芹香

四 譏譏君子秉性溫柔

五 三十二 烏傷其羽不能遠舉

六 二十六五 和風甘雨三月天遊人玩賞衆無边

七 六九三十 如花向日似筍抽林

八 刧 棠陛都統震疊三軍

九 刧 聖朝登大用閭里姓名揚

九百三十 八十二 月初下弦其光漸減

九百四十

一 刼 出外多憂守旧則吉

二 七十二一 否轉回春寒盡春回

三 刼 雲掩皓月窗青相侵

四 七十四三 明月正當空灣曲西復東

五 六十六五 到處是通衢祥光映氣徵

六 四十六五 花落又花開董風吹第來

七 刼 飛遊淺水未遂其志

八 刼 全賴陰功扶過去不然便作仙遊人

九 五十四三 風急渡河舟人仔細

十 五九六十 情懷開展繁華滿目

九百五十

一 四十三 四十四 拾謀九是空踪跡若飄蓬

二 門庭增吉慶姓字播鄉邦

三 四十七 四十八 皓月高懸萬事遂意

四 月手桂子早折新枝

五 五桂相輝映一枝噴天香

六 伯仲原同氣塤篪各奏音雖非箕燃豆難免鬩墻驚

七 發斯今日誦皆緣積德來

八 泮池芹香早佳名出髫齡

九 書味不如世味美寧棄儒業學端木

十

九百六十

一 掌銀錢之出入不失分文隨主以周旋極為忠敬

二 十二月 政治益通榮遷之月

三 十月 內防變故之憂

四 二月 不期而得意外之財

五 六四正月 得高歌處且高歌

六 若業詩書名可許縱然放下利無涯

七 十二月 莫道全無事須防意外憂

八 四十七八 美玉蘊深山未得良工選

九 三九四十 風移松影動風送桂花香

十 詩書無緣白首不遇

九百七十

一 五十八

登山涉水攙卜平安

二

勸君收拾千張紙早燃明香叩上蒼

三

五十以前莫望兒縱然生得也傷悲

四

不梁宮庭承日講常思出外撫黎民

五

六

問名二旬外許君可進程

七 三十八

八

遭逢拂意運限不利

九

十

一

二

三 三月 履道坦坦幽人貞吉

四 生長名門誥封二品

五 莫道兒孫守成易須知祖父創業難

六

七 卯 事未稱心枉費精神

八

九 卯 屋漏更遭連夜雨船遲又遇打頭風

九百八十 四十四 韶光明媚物色更新

九百九十

一 夘 鷄鳴犬吠不無憂心

二 命犯刑尅披剝終身

三 庭前棠棣開盈樹天賜三多福禄来

四 夘 青雲得路雖可喜絃斷無敎寔可憂

五 夘 出水芙蓉朶朶生妍

六 于歸閥閱誥命二品

七 七十五 老来稱哀子

八

九 夘 龍在於田普其閏澤

十 夘 任君施為順適從心

五千

一　任道臺屢邀　聖眷

二　夘　雲收雨散日日光明

三

四　堪嘆早年太豪華揮金如土幾敗家

五　七十五　老蚌生珠

六

七

八

九　夘　高折丹桂一枝芳

此刻木水土火納音合父母先生年方合

一 正財之運數可誇才喜臨门錦上花

二 心堅如氷孀居獨守

三 運行匹才事々通滿園桃杍笑春風

四 二十 二一 祥光相炤足称心怀

五 数才正才多禎祥门庭生色别樣粧

六 三九 十四 雲裡月雨中花

七 官至尚書至尊至貴

八 十一二 紛紛雪花下片々着衣人

九 運行匹才是美良人物重新事々昌

六千〇一十 心如太虛一塵不染

一 運行正才数甚亨光景無边物色新

二 数行正才運當時求取功名事丶宜

三 謀為遂意定獲厚利

四 運行正才数最良萬人頭上迭輝光

五 運行正才運均停鏡皮塵遮磨復明

六 四十五六 無損有益不勞心力

七 可云上承下接命該才帛廣積

八 又十月 陽春烱景大塊文章

九 二十三四 有針無線引未見事從心

六百〇二十 又十一月 寒風颼丶任人着愁

一 十五六 雪花紛〻下片〻白蒙頭

二 四月 樂性詩書陶情花酒

三 三十一二 前程處〻皆周送一任遨遊自在行

四 運行正才事〻通花開正值日融〻

五 五十七八 如圭如璧如金如錫

六 萬里雲烟皆動蕩三江波浪盡掀騰

七 廿三四 哀〻泣主有刑傷

八 道念堅貞三界潔一生福祿自天來

九 運行正才事雖仁只恐財破又傷身

六千〇三十 伯牛之疾君亦如之

一	四九五十	景色晴天芙蓉開展
二		兄弟三人其樂融融
三	二十一 二十二	有弓無箭顧射不斜
四	二十五 二十六	新月当上弦其光漸漸圓
五		数逢七煞本不佳知君柱內却用他
六	三十七 三十八	平分秋色一輪滿長伴雲衢千里明
七	五十三 五十四	夢魂無擾遭際相安
八	三十七 三十八	眉頭開展事得施為
九	二十五 二十六	楊花雪滾白遍瓊瑤
六千〇四十		逢運七煞恐復刑若無服制宜防驚

一　問名問利兩兩俱成

二　三九四十　坎坷度流年機會更變遷

三　青年發福財源廣進

四　三十二一　流年大不同柳綠与桃紅

五　五十八七　大運亨通謀為有功

六　六十五　君子更新日宴飲鹿鳴時

七　七一二　南極祥光照流年順利時

八　真念修持三界肅衣食豐裕仗如來

九　背後駝曲前生惡報

六千〇五十　運逢七煞數不佳却有制伏豈怕他

一 六十一二 財帛当耗散蓄積実為难

二 依傍貴人事不佳深山好樹不開花

三 運逢七煞本不佳若还有印喜用他

四 四十三 笑容變憂容花開忽遇風

五 数遇七煞運不祥猶如孤雁落池塘

六 九十一二 優游無事納禎祥美景安寧樂且康

七 四十五六 幾日事變遷今朝運不愆

八 三界無虧食祿足一生享福保初終

九 廿九四十 有為之時事多湊巧

六千〇六十 数逢七煞有不祥猛虎途遇一双羊

一　六十一二　東風忽又轉西風晝亱寒暑有不同

二　三十五六　恩星相並吉利相從

三　壽延四旬外收拾往西行

四　問利問名兼収之益

五　六十一二　離丶合丶春光老幾年色又逢秋

六　三十七八　名登庠序

七　其人剛以任事氣象崢嶸

八　明從聲譽重帝座撤金蓮

九　六十一　天地常存年華殆尽

六千○七十　運逢七煞有不仁一火三烟不光明

一 六十三四 天上風光有人间好事無

二 五十 數到頭來不自由白雲千載定悠

三 龐統献得連環記曹兵百萬尽成灰

四 兄弟雖六人秦楚不同盟

五 二十五六 榮枯関平数得失自天排

六 小從轉來大過通安然求進福相従

七 撥水橋頭有一峰誰識山中有卧龍

八 六九七十 運際不尋常黄花晚節香

九 蹉跎ゝゝ 運蹇若何

六千〇八十 七煞之運實不平由间多石堪憂心

一	二十七八	秋至滿山多秀色春来萬卉共争妍
二	三十七八	吉事迎门人物诧穷
三		数有七子得以送老
四		三戒守持称上志一生慕道尽高僧
五	辛運	水漲烟波急扁舟可緊行
六	十一二四	少年行樂事才高智過人
七	二十七八	青龍兼白虎喜鵲共烏鴉
八	五十三四	謀事凑巧動止安间
九	二十	不料鴛鴦分拆散定餘珠淚洒欄杆
六千〇九十		数逢七殺運不佳恰似秋冬雨打花

六千一百

一 七煞之運事不宜路上行人被雨迷

二 四十六 心中煩惱無人識惟尔東君只自知

三 運逢七煞不安寧明月蘆花沒處尋

四 二十 三 四 葵花須受日雲掩不為凶

五 還鄰鄉使高更詠得道須教順子登

六 三十 一 二 不意之中利生身恩心相以福來臻

七 命帶文昌夫登黄甲

八 七煞之運欠光明不見破財定見刑

九 五十 五 六 涼風消暑氣心暢樂何以

百 丁運 丁字之宜財進樂喜

一	六十二	寒鴉棲樹日沉西回首青山事〻虛
二		一生運泰無憂慮才福双美快何如
三	三九四十	仕途有變幼奔止當慎重
四	二十一二	不必問行藏進十而退五
五		向寿五旬外一生淂安然
六	三十七八	名登庠序
七	五十三四	却向泥神問吉凶名利还須自用功
八	辛運	運行辛字出入求謀事〻宜
九	九十三	歲寒方知松栢茂人康始見老來奇
一百一十	十五六	韶光正在融和人將始遷好景

一	乙運	運行乙字事非常東西南北任君行
二	六十	亢龍有悔勿用之時
三	四九五十	安心樂意出入頭地
四	二十	有弓無矢欲財不然
五	四十 六五	煩惱無端好憂心自知自慮自沉吟
六		財帛有餘一生足用
七	十九二十	平安知可保不必向行藏
八	六十 二一	犬生双口孝服之憂
九	二十 六五	一日攸好生二日利大川
一百二十	四十 六五	運際有主恃行人遇羊腸

一		乙字好求利与名才自豐弓名自成
二	三九四十	枯苗得大雨運自此興隆
三		家藏萬貫亨福過人
四	二十六	庭前草木已知春暗裡潛滋生意新
五	三九四十	喜自天來麟兒誕降
六	四十二	青雲生足下丹桂滿秋香
七	三十一二	前村遙望杏花紅指日看花有牧童
八		寿元六旬外东装往西行
九	六十三四	綠楊深處一漁舟緩捲綠綸着意求
一百三十	四十七八	衡门之下可棲遲君須退守樂天機

一　　　　帀年文昌照泮水姓名揚

二　五十九　憂回嗟敍冥中饋失佳人

三　　　　際運亨通候輕風送小舟

四　六十一　六十二　生子之年

五　二十三　二十四　煩惱積心頭淒涼人不曉

六　　　　雁行三序數中洞然

七　三十三　三十四　利不可求動而見尤

八　　　　兄弟四人同父異母

九　六十七　六十八　古稀少二壽夫死淚沾襟

一百四十　乙運　運行乙字任施爲自然求利福相隨

一 遇猴成名宫墻生色
二 九十二一 南山松栢歩寒不凋
三 六十五 六十五上為一夢須臾覺悟意歸西
四 六十四三 数該生子
五 晝夜持經忘岁月晨昏功果了生平
六 三十二一 瑞氣隆一起家门喜慶多
七 六十 鏡破難重合珠去不再还
八 六十四三 迷途得路翻覺意快
九 二十八七 福禍吉凶难預定主張頭上有青天
一百五十 壽元七旬外一夢竟西歸

一		遇已成名芹宮進步
二	十三四	苗而不秀〻而不實
三	三十五六	懷愁何悒〻圖為多不遂
四	六十五六	懸弧之年
五	五十七八	登料又弄璋兩美集一堂
六		夫妻緣分薄寵妾不憐妻
七	四九五十	造化循環剝極自然復
八		数中行淂好官星〻官合此最為真
九	五九六十	雜聚易散名曰萍踪
一百六十		運行甲子恐不安眼前作事有迍邅

一百七

一		遇亥成名言採其芹
二	五十七八	運逢逆境事事不佳
三	四十五六	年來事遂機財帛自有餘
四	六十七八	数該生子
五	六十三四	陰晦盤纏災晦不免
六		壽元八旬外含笑辭人间
七	三十一二	禍患逐人殃符為害
八	三十七八	前剋後秣道路難行
九	甲運	数行甲字運萬事喜從心
十	六十四	滿目繁華春無限奈何一夢入華胥

一	五十五六	運中雖是行官星数多傷官恐傷身
二	六九七十	徘徊歧路甚憂虞幸得漁翁指路迷
三	六九七十	福寿康寧倍有精神
四	六九七十	生子之年
五	四十七八	太陽一出亂潛踪從此營謀事事通
六	十九二十	每日樂悠悠倘徉不用憂
七	八十一二	境遇無阻礙安恂樂事多
八		運行官星弱逢官福不真
九	三九四十	既遂其志当展其心
一百八十	二十三四	今年勝去年外事亦無牵

一 四十四三 家中千金蓄皆從勤儉来

二 日照中天畫堂開展

三 以監而授職先天数預知

四 六九七十 黃花開晚節翠竹茂叢林

五 九十二一 災晦若相侵老景不安寧

六 六九七十 祥光叠見畫堂生春

七 正官之運美不美不遇扶持有破費

八 七十二一 春寒秋熱光景多無

九 正假之運昌不昌恰似流螢放火光

一百九十 十五六 好花將開風雨又来

一	六十三	世緣已盡難留戀北邙山中訪故人
二		象神之運昜又衆張公喝断霸陵橋
三	三十 二一	家门多吉慶瑞氣自氤氲
四	壬運	壬運数不佳安分守旧保身安
五		偏印数難為全憑陰德自栽培
六	三十 六五	人逢美運花過陽春
七	三十 二一	吉慶臨门快然適志
八	八十 八七	花落兩過路滑行難
九		兄弟五人先損一枝
六千二百		不勞人力安然獲福

一	甲運		運行甲字有不仁不見破財定見刑
二			運行梟神送了夫人又折兵
三	四十	二一	須知白璧終為寶更喜黃金又束腰
四	三九四十		流年更不同柳綠与桃紅
五	二十	八七	柳搖嫩綠菊呈新黃
六			偏印宜安分愛惜士名乃停均
七	三十	八七	美事喜相逢為之自有功
八	二十	二一	錦綉叢ヽ境遊人興自豪
九			梟神之運不光明耗損小財又費心
二百一十	十五六		桃紅柳綠春色宜人

一　四月　㚑神未可行鷄鳴犬吠有憂驚

二　六十三　災晦不生流年吉慶

三　三十四　人逢美運花過春時

四　癸運　運行癸字事不祥石皮川火恐無光

五　七十三　福履悠〻家门迪吉

六　二十六五　春光冉〻物色更新

七　四十八七　財帛驟發天意從人

八　二十八七　蓮花出水日月光輝

九　運至㚑神數不宜蓮池淺水現鱗魚

二百二十　七星壇上祭東風百萬曹兵一旦空

一　祖佛降生萬人皈依

二　四十七八　無是無非安然順境

三　三十七八　恩星相照吉曜相從

四　癸運　宝劍落時山石斷金环响處火生烟

五　七十五六　有犯凶神居安畏危

六　四十三四　雖是南山路可通半用功力

七　三十二　丹桂呈黃時節好鹿鳴宴上好簪花

八　六十九七十　日月渴優遊定门無所求

九　生逢盛世有堯舜願向昇平祝萬年

二百三十　三十三　事得就諸人物光華

一　五十二　龍神相扶流年吉慶

二　旺氣皆天数基業应昆成

三　四十七 四十八　景象非前日喜氣自融〻

四　能攘南辰北斗星當日計曺足孔明

五　十一 十二　孝服之年

六　二十九 三十　喜氣迎门事業更新

七　七十一 七十二　即月不愁雲遮掩燈明何怕晚風吹

八　三十七 三十八　事〻錦添花榮華自可誇

九　丑字之運是一冲出水還驚處〻同

二百四十　兩目無光今世之困

一		雙親膺勅命父先母後亡
二	三十三	所為無不遂得意亦良多
三		犹如公謹逞才能東風一日起江心
四		数定良人難共老遇鼠之年定見傷
五	四十五六	前途尽坦任君遨遊
六	五十七八	瑞氣隆二玘家门吉慶多
七		殺煞過凶神当喪鋒刃下
八	二十三四	天朗氣清恵風和暢
九	四月	諸葛已亡数載後百萬英雄尽胆寒
二百五十		丑運不寧騎牛趁馬免憂驚

一　四十七　八　不忮不求終日悠々
二　華容道上逢雲長赤壁堤下遇周郎
三　四月　風恬浪靜正好行舟
四　六十三　四　平安無事笑傲南窗
五　好似宛城戰張繡何殊呂布遇濮陽
六　六十七　八　身寄同岁月不管落花亂
七　丑運一沖三光兩暗不分明
八　三十九　四十　脫却憂煩轉笑容時來無拘不合同
九　五十三　四　春來花放發風雨又相催
二百六十　七十一　二　守分吉妄動凶

一 五十一 五十二 大運甚高强謀為事〻昌

二 四十五 四十六 安心樂意如享豐年

三 若問琴絃何日斷丑年定自見刑傷

四 丑運一刑珊瑚沉海

五 赤辟用兵無敵之主

六 賢人之妻貴人母二事兼全是命招

七 四九 十事謀為九事成春光遍滿洛陽城

八 四十三 四十四 青雲生足下丹桂一枝芳

九 三十九 道逢荊棘移步維艱

二百七十 三十九 四十 思樂泮水言采其芹

一　二十三四　其旋元吉大有慶也

二　兄弟三人同父異母

三　四十五六　知音相遇合一見吐生平

四　丑運之中三坵歡作事之中不相和

五　三十五六　榮枯得失皆前定何事怨人又怨天

六　此刻金木之年招徒师死於土水之年方合

七　五十五六　財帛堆積不求人上下欢然福自臻

八　閨門秀氣風光好內惱紗窓月色新

九　此造生来八字清命帶進神合子評

二百八十　四十六　弄璋之年

一 正值閨门新氣象奈何運限不凋和

二 六十五 数頭到来不自由白雲千載定悠〻

三 機捷疑掣電法合似轟雷

四 子主懸梁父母傷心

五 試问良人何日逝過虎之年宝鏡分

六 三十五 水中撈月萬事皆空

七 六九七十 謀為成就足暢心懷

八 八月 椅下嬌鶯人不覺滿天風雨下西樓

九 丑運有災侵吳牛喘月幾失音

二百九十 七十二一 跨鶴西行不復还秋風葉落滿空山

一　七十五六　一隙之光可以借用
二　丑運　萬物靜觀皆自得四時佳興与人同
三　二十一二一　謀謀無成徒勞心力
四　文星聯祿耀廩膳姓名香
五　四十三四　崎嶇道路高低難行
六　六十四　逐家萬里變為客五更愁
七　四九五十　生計得安然何勞過憂慮
八　向利三旬分白手能成家
九　三九四十　山溪溪路一橋可渡
六千三百　此運生來八字清命帶魁星合子平

一 六九七十 静坐寔五蘊閒眠得自如

二 五十六五 事無條理千頭萬緒

三 牝鷄既司晨雄者能無懼

四 五十六五 寒晦消除福自生雲烟散盡見青天

五 刑傷入命宮依傍後夫子送終

六 並蒂雙蓮夢風光共白頭

七 八十四 大数相停莫可為一生事業化作灰

八 三九四十 名登庠序

九 四十四三 清淨多福祉悠然自得財

三百一十 六十四 鄉科及第老來之喜

一　此造生支十分清命帶六秀合子平

二　丑運　若想名利成數逢丑運任君行

三　三十七八　晴明已定可以遠行

四　十三四　蓮初出水月正上弦

五　七十三四　消望涼亭好風披拂

六　四十一二　陰雨蔽日昏滯不明

七　鴛鴦何日散失雄必兔年

八　賢兒承宗終身無憂

九　三十七八　西風忽又轉東風昨夜今朝事不同

三百二十　兄弟有二人樂奏幾般音

一	四十四三	且浮且沉万物紛紜
二	五十六五	牡丹花開色々紅洛陽不与旧时同
三	六十四三	生子之年
四		繼承祖父基業更堪高大墻門
五	七十一	鳥得其所飲啄自如
六	二十	花正開时風雨吹折
七		丑運得时冲開地庫多々宜
八		其人口快心直輕財重義
九		十岁欠亡妻萱花被凋零
三百三十	三九四千	不可妄動安居無咎

一 打開甲木藏身穩 躲在中央戊己土

二 六十五 六十六 老蚌生珠之年

三 此造生來八字清 命帶奇星合子平

四 六十六 今日乘雲跨鶴去 西風迴首淚欄杆

五 木庫身藏渾似寶 鏡掛高堂

六 蠱病殺身前生行處

七 七十七 七十八 晚望之月其光漸減

八 丑運正享通家中 清吉百事興

九 十一二 上樓恨無梯 求貴多遲疑

三百四十 八字生來不是真 命帶官祿合子平

一 二九三十 圖謀如意大運從心

二 五十八七 寒氣消除暖氣生好花枝上被陽春

三 六十八七 数該生子

四 印綬垂〻現一生一養兩高堂

五 二九三十 凡事宜謹慎無是又無孔

六 五十 次第梅花冒雪開忽然夢裡染塵埃

七 三十八七 條貫已通五音叶律

八 丑運大吉昌家中財喜兩相当

九 四十二一 名登庠序

三百五十 六十六 幽魂渺〻任何處一入九泉竟不返

一　官至廷尉大理榮身

二　六九七十　生子之年

三　升任儒學與教芹宮

四　六九七十　日影輝煌照耀華堂

五　四十八七　言采其芹

六　三十四三　美運交來無不遂意

七　四十一　晦氣相侵流年不寧

八　四十三　可憐白玉沉塵埃却向天蒼問不平

九　三九四十　人事安然謀為必去

三百六十　三十六五　紫微星照官祿榮膺

一　四十一　囊中財空宜斟酌聽信小人有損傷

二　丑運人叶吉景內營身必自高

三　亥年文昌入泮水姓名揚

四　任宦經歷加退林下

五　六十二一　登山涉水費掙撻

六　四十五　深林人不知明月來相吊

七　五九六十　平安吉慶

八　龍年有刑傷夫死妻斷腸

九　五十二一　左〻右〻無不宜〻

三百七十　四月　海上碧桃重結子月中丹桂又生香

三百八十

一 四十二一 及时湧進不負良辰美景

二 自有貴人相扶自一生衣祿兩豐盈

三 四十二一 迍邅未可言步步荼苗遭

四 四十六五 履于泥塗步步躊躇

五 結髮未得同偕老又配良人不齊眉

六 精于岐黃豈亞儒業

七 雖為山中一考老却是蓮花頂上僧

八 三十二一 当遂水而鼓楫幸不久而騰達

九 十一二 春夏又秋冬寒暖自不同

十 丑運 運中行丑運財喜慶春秋

一 三十二一 合卺之年

二 十三四 路迷却不知信步過前溪

三 日照紗窗千祥集氣轉閭门五福臻

四 利自至求名自成功名成就出無心

五 二十五六 其年天喜至數定產麟兒

六 四九五十 學生宏施政平公理

七 守祖父之田園更能廣大前業

八 命如蜉蝣數在三秋

九 七十八七 春華秋實光景無多

三百九十 三十八七 有求不遂春去秋來

一 三十一二 海棠着雨淚濕脂

二 此造清高命帶貴人

三 四十七八 名登庠序

四 兄弟九人同父異母

五 四九五十 休嗟々々庭前綠竹報生花

六 三九四十 福聯相扶圖謀無阻

七 五十五六 燈火以滅暗路難行

八 丑運庫神鬧移得花影上樓台

九 四十七八 白金有緣能自至青蚨無翅會飛來

六千四百 五六歲 飛廉惱血光

一	四九五十	財利逐人來日日笑顔開
二		生長名門夫招貴顯
三	二十七八	年年春光好今年花早開
四	五十九	相攜藜杖過危橋昨夜濃霜尚未消
五	十五六	安閒之福無日不足
六	三十三四	紫薇相照榮膺爵祿
七		玉碎香消數定蛇年
八		丑運沖刑好似江水漫金陵
九		此刻水火之年招徒金水之年师死方合
四百一十	六十三	喜也真喜凶是假凶

一　六十五六　災晦不生平安之慶

二　此造甚是清　三奇合子平

三　三十四　造化善循環春風拂牡丹

四　四十四　秋蘭浮意直上青雲

五　萱花兩樹雁陣成羣

六　命中載定有貴人無意〻中得相親

七　四十七　鑽營弥縫苦謀為揔是定

八　十五六　冲盈和氣流年吉利

九　丑運是刑冲秋雲掩月色朦朧

四百二十　六十五　深水魚躍自在如志

一 守持三戒名曰上僧

二 五九六十 如登高山費力不少

三 誠問良人何日 逝過馬之年失藁砧

四 二十 一舉一動迷外悪憂

五 三十一 顏回少一春奉詔去修文

六 三九四十 花閙又被風冷落錦叢中

七 二十五六 少年行美運營謀事〻通

八 十八 少年登金榜聲名四海傳

九 二十七八 鑿山路淂通勞力始成功

四百三十 二十七八 駁樸無常進退有損

四百四十		
一	五十一 五十二	星恩照耀官禄荣升
二	六十	年逢花甲竟别陽関
三		此造生来四柱明地丁三奇合子平
四	五十七 五十八	朝暮淂安舒寛然事有餘
五		知又能發達提挈遇貴人
六		方喜出任不期阻抑
七		交上丑運忻豹變如花淂雨長精神
八		断絃冄續二旬之餘
九	十一 十二	江村三月景到處緑陰濃
十	三十三 三十四	接淂其所飲啄自如

一 五十七八 莫笑馮唐無晚景期君老景享榮華

二 此造生得格局清人中三奇合子評

三 二十七八 大運已過往来有功

四 陞任千總数已先知

五 六十六 前山聯後崗行人路徬徨

六 丑運有不仁犬生兩口哮门庭

七 四十一二 進退无常人似夢中

八 三十一二 着意圖謀總不成須知造化先排定

九 六十二 螣蛇盤結事有遲迴

四百五十 此造生得格局清命犯胞胎合子評

一 三十 五六 洛陽春色好遊客賞心濃

二 丑字甚吉祥五馬高封布甘棠

三 五十 七八 心之憂矣歩履不安

四 五九六十 霧罩高低樹朦朧似醉人

五 小試报前茅廩膳姓名標

六 此造生得格局清命帰生旺数飛輕

七 七十七 安間無事納禎祥几朶黃花撲鼻香

八 此造生得十分清時上偏財一位真

九 断絃再續数定三旬之外

四百六十 三十 五六 恩星照命官禄陞遷

一		良人棄世端在羊年
二	六十三	淂个漁人指路迷天台不遠又何疑
三		天定七岁而亾徒增父母之悲
四		向利三旬外方淂称君心
五	四十 二一	名升庠序
六	七十 五六	老景悠悠快度春秋
七	六九七十	冷已消除日色融萬花開麗錦叢中
八		丑運是沖堤開庫天地時
九	六十九	淒淒鴛侶兩分飛可恨良人不齊眉
四百七十		晚景隆隆家業日豐

一　四十一二　戚〻眉頭事〻帶

二　此造生來最精神時上食神一點清

三　八九九十　腳根堅穩不可動搖

四　丑運雖平勝過前程

五　六十三四　一番好雨過陽春轉眼江城草木新

六　斷絃再續數定四旬之餘

七　六十三四　作事蹉跎其年破耗

八　良人貴顯家庭盛桂子傳芳孫〻荣

九　十三四　春色正宜人依〻柳條新

四百八十　此造生來格局明時上正印合子評

四百九十

一	十三	春色未全開佳花幾點開
二	二十五六	丑運是庫刑誤了閨中一淑人
三	二十七	雖破財無傷命
四	二十七八	骨肉却難留淚眼洒難收
五		此造生來理分明時上偏才合子平
六	四月	命犯朱雀破耗難免
七		良人何日逝猴歲失所天
八	七十	黄葉無風自落密雲不雨常隆
九		老來家大發君數未逢奇
十	六十七八	緩步周行坦然無阻

一　官陞瀛洲簪紱槐門独掌綠綸

二　五十五六　喜氣盈门室家康寧

三　此造生得格局清五行調叶甚均平

四　六十七　幾年踪跡逐浮萍一旦辭歸伴白雲

五　此造生得格局強金水傷官格內藏

六　四十三　謀求不遂意还是運未通

七　其人性情慷慨志氣豪俠

八　十六　楊柳依〻環繞綠堤

九　坤造生來甚賢良增子益夫福壽昌

六千五百　三歲　小哭雖有吉神消除

一		身任别駕先天註定
二	四十七八	天開曉雲景色鮮明
三	五九六十	大運亨通不成功處也成功
四		有徒六人得以送老
五		求字行來運最佳風吹露霧日光華
六		剏立規模總不羣田庄廣置華堂新
七		兄弟三人同母異姓
八		鴛鴦何日散雄失遇鷄年
九		財源日新
五百一十		坤造生來性如乾助夫教子事兼全

一 勤儉持家衣祿足旺夫益子福無窮

二 三歲 將軍箭最難當三歲便身亾

三 十九歲 如笋初抽芽凌空而直上

四 斷絃兩續數定五旬之餘

五 九十三 老来有精神如木又逢春

六 四十七八 樹梁赤幟恩隆士卒

七 犬吠雞聞夫归九京

八 未字冲堤禎祥布紙畫雄鷄壁上啼

九 四十三四 不料鴛鴦先折散何期鳶鳳各東西

五百二十 七十一二 不必出门庭福祿自来尋

五百三

一　四十四三　駁雜々

二　雁陣聯翩排六翼翺翔回雁奮天衢

三　坤造運際五行中靜德安常內有功

四　六十八　今朝別故人空餘百年計

五　未運少禎祥細雨迷花实可傷

六　陞任千總先天預知

七　未家而翁先逝數已前知

八　美玉得遇良工識琢成圭璧晚運佳

九　坤造生來八字清四柱清高合子平

十　六十二一　古鏡蒙塵滯而不明

一
二
三 四十七八
四
五 二九三十
六 未運
七 三十二一
八
九 三十六五
五百四十 四十三

坤造生来最為良金木傷官格局洋
此造生来理分明壬騎龍背合子評
洛陽春色滿目繁華
此造生得最為清馬化龍駒合子評
機會相逢錢財驟蔟
未字是庫神風有清月有明
流年吉慶
榮任教諭德化芹宮
威嚴壁壘士卒謳歌
数該生子

一		斷絃再續数定花甲有餘
二		力相夫子内助有功
三		九雁連飛下中斷惜離群
四	三十五	多福多壽
五		兄弟四人先損一丁
六	二九三十	綠樹陰濃夏日長蓮花出水噴天香
七	六九七十	一卷殘經誦未竟仙鶴倏從天上來
八		亥年白虎現夫命入黃泉
九		有徒六人可以送老
五百五十		艱危橋之艱險幸柱杖以相扶

一 二十七八 流年不利当破耗不見官非也被盜

二 熊軾分符淂利龍章寵異昭功

三 四十五六 百謀皆空數当尽矣

四 三十三四 炯光漠漠日初升景色無边在水浜

五 重山斗之隆墜數黌泮之綱維

六 七十一二 斷而不斷

七 二十七八 喜逢天降財帛逢源

八 四十五六 運多淂突財难料路有高低緩步行

九 三十七八 服劳王家小斗望明映氷壺遠近聞

五百六十 南楼倒掛三更月子規疸半犹啼血

五百七十

一 五十七 上下悠然不須憂慮

二 鴻雁雖然成陣却非一母所生

三 末運三卯实不仁寒氣凬孤雁影零〻

四 其人志氣軒昂胸襟滿洒

五 敕造法堂光射斗開培田地勝千僧

六 三十五 六 狒仝雷霜肅声名草木知

七 六十五 大意相推搃閙閧無端失福路艱难

八 濟傍貴人可成家先後閙時有好花

九 六十七 八 軽裘緩带克振軍民

十 六十三 四 今年勝去年順利無事牵

一 三九四十 桃花流水是天台淂个漁人引路求

二 此造生求八字清双鳳朝陽合子評

三 自身撥作中青雲券子須当拜圣君

四 五十 五六 風撈梨花孝服之咎

五 中年淂失財無定破耗憂奠不可言

六 恩星相炤官禄荣遷

七 四九五十 未字行求数不偕不見刑傷宜破才

八 展去愁容嗜憂奐時求依踘艸葱龍

九 四九五十 此造生求甚高強双羊破土子宮詳

五百八十 浮雲掩月之象 六数

五百九

一		灾悔相侵流年不寧
二		生長閨門多順境無憂無慮度春秋
三	二十三四	破耗無端流年不安
四	四月	動用叔鍪錢財有餘
五	四十五六	不費工夫事也成運來相湊喜相迎
六	四十七	山高水深难移步更遭風雨暗相侵
七		傳真人之道濟危急之人
八		官居一品位極人臣
九	三十三四	時之既通日之暖窮
十	四十三四	名登庠序

一　官居二品位高爵重

二　十七八　窈窕淑女琴瑟友之

三　六十三　暮年為政漸入佳境

四　未運字通舟遇順風

五　五十七八　濃雲密布霎時日現

六　四十八　手攀丹桂舉步青雲

七　二十五六　德威惟畏德明惟明

八　二十五六　天苞地符家門吉慶

九　陞任琴堂澤布甘棠

六千六百　五十六　水流花放常處不足

一 六十五六 樂變為憂花水流
二 數註高徒当有六人
三 當有四母之稱
四 三十一二 天心未必合人心前途事業費沉吟
五 此刻金水木火之年師死拙徒方合此卦
六 十一二 福自天來不由人造
七 三十三四 人事無愆出门清泰
八 五十 鼓盆之戚在於期年
九 兄弟八人各怀吴越之心
六百一十 二九三十 禍患相隨常有解神扶救

六百二十

一　五十三四　高懸秦鏡兆億歌呼
二　此造生得格甚清双鼠恒遊合子評
三　不須卜甲子七旬有餘齡
四　七十一二　風捲燈花搖〻不定
五　未字丈夫事稱心東西南北任叉行
六　二十三四　履道坦〻出入貞吉
七　官居三品名震海内
八　四月　母先亡父豬命
九　当为而失为機会有差錯
十　妾当出家原來有數

一 二十五 日用不給虛度时光

二 十八六 縱有黄金難買命少年身亡实可悲

三 不作貴人妻定作貴人母

四 其人慷慨從心多情好義

五 四十二 當居易以俟命勿行險以求財

六 未運正身通人物樂融〻

七 七十二 日行中天勢正昌却逢土計掩其光

八 數有不齊兄弟死於非命

九 十九二十 新竹萬〻擻綠叢庭前飄拂百陰濃

六百三十 拋經書而入泮池貴人多過

一	二十三四	鏡花水月
二	五九六十	月映江天之明玉映氷壺之潤
三	六七八	大風拔樹笑(灾)生非常
四		末運事和諧梅花冒雪開
五	三十一	灾青相侵幸得吉神化解
六		此造生來極甚清双馬歸槽
七	七十七八	今日可息肩何必問往年
八		昆至五人数定三貴
九	四十七八	夜月正清光何必問行藏
六百四十		此造生來極局明双牛歸欄合五星

六百五十

一 壽元何日止須待八旬餘

二 屯造生來格甚明双猪惡槽合子評

三

四 三十七八 花開遍錦叢無日不從容

五 摘班香而挹宋艷濬蘇海而達韓潮

六 三十一 栁絮隨風隕桃花逐水流

七 未運 未字名利全藕出深泥長碧蓮

八 五十三四 鵾鵬展翅扶摇直上九霄

九 耕田食弓鑿井飲衣禄繞足自無求

十

一　我生不辰幼失所恃

二　五九六十　舟楫在江心波涛沸若驚

三　三十七八　恩星相照荣任之年

四　官居四品荣膺皇恩

五　卜君壽算七旬有餘

六　浮沉一世成敗無常

七　慈母先逝嚴君為蛇

八　四十三四　思樂泮水言采其芹

九　十三　好花未開風雨叠重

六百六十　五十五六　吉星照命榮任之年

一 二十 六五 前途波浪皆恬靜吩咐舟人着意撐

二 二九三千 雨足郊原艸木柔

三 六十 二一 眉頭稍展笑顏頓開

四 月下花前安閒樂意

五 五十 六五 借問壽元幾許九九之年數終

六 五九六千 年来事不全憂懷未可言

七 三十 四三 流年犯凶星災晦苦相侵

八 四十 二一 一步高来一步低行事須防有疎虞

九 刼財 建造梵林鼎新台閣

六百七十 六十 六五 老当益壮暮年安康

一		
二	六十二 二一	乍明乍暗雲中月半合半開雨裡花
三	十歲	萱花凋零卯角何恃
四	六十三	恩星相照当依貢期
五	五十 八七	一道恩綸下九重榮遷爵祿樂融々
六	四十 八七	鵲噪鴉鳴吉凶各半
七	未	未字禎祥喜氣洋々
八	十三	当途荆棘移步不得
九	十四	花正開時淒風苦雨
六百八十	十五	月下南樓子規啼血

六百九十

一	三九四十	大小無不宜春光正及時
二	四十二一	歷尽岐途多火艱辛
三	四九五十	瞻前顧後素履无咎
四		
五	五九六十	孝服不免
六	二十三	時未至兮君宜守蔟福生財自有期
七		官至别駕未能高擢
八	四十三	十謀九事成好運隨行人
九		交上未運人燮豹桃紅柳綠總皆春
十	七十	駕鶴乘雲外落葉滿空山

一　三十五六　牡丹正開姿態艷麗

二　七十一二　前山後岡進退徬徨

三　三十一二　曉烟濛〻道途迷〻

四　二九三十　求魚水清难如所願

五　五月　愼交無義之人

六　四九五十　無端煩惱無端喜今日晴明今日陰

七　六十九　數該生子

八　五十一二　永懐寂寞

九　末　仙翁傳道德南柯問終程

六千七百　五月　手足生血光

七百一 一 三十七八 春風入户和氣洋溢

二 運行正印家道昌榮夫益子孝非常

三 五十七八 披蔴照命刑孝臨門

四 性情慷慨人中傑出入行藏志量深

五 五月 母先逝父属寅

六 三十一二 家室不寧謹防小人

七 喜而不喜

八 不進不退拂意兩見

九 四十 数該生子

十 六十一 花甲方新大数已盡

七百二十

一		運行正印錦上添花
二	七十三四	晚景安康老來之慶
三		寿元何日止行到古稀前
四	五十三四	吉凶既自明不必憂疑行
五		官至五品累受朝廷拔擢
六	九十三四	離而合兮合而離花再開兮月圓時
七	五九六十	小盈大虛得不償失
八		運行正印事〻寧血財六畜滿门庭
九	五十一二	財帛隆〻積福祿自天來
十	四十六	数該生子

一 九十七 中年不遇名花景老運欣逢大有年

二 九十八 瑞氣藹藹而康而寧

三 一百〇一 運行比肩數中人閨中禍去福來尋

四 一百〇二 常納禎祥自求多福

五 十一二 幼女却生愁嬌花对月羞

六 五十五 家室安寧人事無愆

七 四十七 青雲生足下鄉科及第時

八 五月 財旺人興吉利之月

九 慈母先逝嚴君屬龍

七百三十 運行比肩最精神猶如花木遇陽春

七百四十

一　五九六十　運與人合福自天申

二　二十六　貞吉之象事得安康

三　五月　榴花照眼葵心向日

四　受朝廷一命之榮九品服色

五　運行比肩福自湊才喜興旺自非輕

六　五十五六　無定令有定前途問提征

七　五月　捫其舌免傷押

八　四十五六　行盡泥濘多少難將求安步度關山

九　披剃雖下藝愁容需此人

十　五十五六　十里崎嶇十里平行人拔陟路艱辛

一 九十五六 吉星相照老景安寧

二 五十一二 山高又水深行人至此盡消魂

三 二十三 春回暘各暖萬物自生輝

四 其人心無主宰作事痴呆

五 叔才之運恐不良三載平平兩載殃

六 十九二十 花正開時風雨忽至

七 三十三四 得逢知己好相求從此營謀不必憂

八 十五六 初陽出林表曙色滿堂前

九 問妻二旬外遲配永和諧

七百五十 十九二十 紅燭高燒喜氣臨光照華堂物色新

一	二十五六	淂之存心失之無意
二		刼才運不通閨门禍相攻
三	四十五六	守旧安康不必妄動
四		同妻三旬外遲配永和諧
五		沐朝廷之爵秩官至六品之尊
六	五月	遠處休行宜加謹慎
七	四十一二	禄曜相折榮遷高位
八	十九歲	孝服之年
九	三九四十	榮膺爵禄來自九重
七百六十	十三四	暖回初回景色光輝

七百七十

一 二九三十 結髮自有梁鴻遇與君姻緣快所怀

二 四十七 絃斷之悲是年難免

三 為人一生多近貴待等時來遇賢郎

四 此刻招得水火之年夫金木之子方合此卦

五 二九三十 吐氣楊眉從橫如意

六 三十三四 今年風景好勝似去年春

七 二十七八 朱顏流潤綠髮增新

八 名列問林職司典簿

九 刼才之運總不金持家雖好恐災延

十 四十八 勞心勞力總成画餅

七百八十

一 為人一生多樸貭不貪不妬財祿豐

二 問妻四旬外遲配永和諧

三 為人溫慈不貪妬五行朗朗甚高强

四 四十一 二 光明普照喜事無邊

五 為人四海多近貴白手生才家道昌

六 三十三 四 運逢順途快然無阻

七 二十一 二 風擺荷花搖搖靡定

八 刼財之運不可言誰想一火生三炯

九 五十三 四 財帛勃發左右逢源

十 君懷不必嘆無財待等晚運財自來

一	廿三四	大運分時好只因事徘徊
二		明刑弼教班列六卿
三		為人本分行將去白手猶能成大家
四		食神之運最精神閨門行此福來臨
五		以舉人而受教職數由前空
六	四十 五六	大運已轉氣數相當
七		寅年戌月欠吉利餘月仍有貴人臨
八	三十 五六	榮華足樂悠然有常
九		食神之運家財和行着此運不須多
七百九十		幼年失父孤子深悲

六千八百

一		官任大廳束兵受民
二	四十八	令日晴明整釣絲有求必渇樂融ㄟ
三	四九五十	束手弥縫兩手顛倒
四		問妻五旬外遲配永和諧
五	三十七	宜家貞吉事ㄟ禎祥
六		亥夘未月不大利越過餘月自窮通
七		食神之運数最佳閨門無事遇荣華
八		数有十子先天註定
九	五十一二	離而復合碎而又圓
百	二九三十	時ㄟ未遇進三退四

一 已酉五月欠通亨餘月喜氣仍濃々

二 四十七 勿謂禍無胎窮通命所該

三 六歲失時終身罔極之悲

四 傷官之運福不真財利平々求稱心

五 二十七八 投竿東海上無心得巨魚

六 五十七八 惆悵復惆悵運轉人無恙

七 中子辰月欠亨佳餘月喜事到君家

八 合見將星貴人到化解凶中亦不凶

九 七十一 令日片帆歸西去白雲千載空悠々

八百一十 傷官洩恐不安持家平々有迍遭

一 辰申戌亥月欠利卯巳午酉亦平〻

二 三九四十 時逢大有内外無憂

三 十五六 如月初廿光輝清明

四 六十三四 時逢大歲不測災來

五 傷官 洩氣運相煎閨门禍纏綿

六 二十七八 道路泥濘行人徬徨

七 六歲痛失怙終身罔極悲

八 十一二 芳艸不遇風庭前却陰濃

九 数有九子先天註定

八百二十 二十三四 斐然已成章未遇良師選

八百三十

一 二十三四 烟鎖池塘柳朦朧雨打花

二 算來隻月欠利单月亦平

三 五月 時当其利百事克清濟

四 五月 太陽貴人來化解縱有凶星亦无妨

五 偏才之運是天才閨门不求福自來

六 十三四 新竹始發枝葉披離

七 天乙貴人入命宫凶星退位吉星逢

八 白虎臨门粉碎其身

九 六十二一 萬物静覌皆曷淂四时佳節与人同

十 好運将來及時湧進

一 五十七八 輕風送小舟安然在中流

二 偏才運非常门庭增吉祥

三 三十七八 流年有坎坷破耗奈若何

四 二旬之外利如泉羨福生財喜綿綿

五 四十七八 大小安然福薄天定

六 释褐群誇龍艸莽頂冠自神寄瀛洲

七 三十二一 心怀開泰任君施為

八 一胎双喜数中然然

九 覌兵陣上護佑群黎

八百四十 单月欠利双月好猶如乍熱又乍寒

一　五月　太陰貴人化解如行皎月之中

二　数有八子先天註定

三　三十八　機会非偶然令年勝去年

四　七九八十　雲端見曉日樂意平安多

五　六十七　数該生子

六　三十三　遭際喜非常春風次第々

七　偏才運昌最内助淂安康

八　四十二一　觧放眉頭蹙春風花柳緑

九　四十九　足步青雲攜手攀丹桂枝

八百五十　十九　頻々遇吉祥事々淂安康

八百六十

一 運行正才家事昌東風吹送桂枝香

二 五月 三台貴人入数何患救護无人

三 五十八正月 花遭風雨枝葉披離

四 五十一二 駁雜紛紛破財之咎

五 其人操守有節行藏不苟

六 六月 月德貴人化解

七 又十二月 順遂

八 雁陣翩翩聯六翼高飛三雁奮雲衢萱堂

九 先逝嚴君屬兎

五十五六 和氣叶禎祥家中福无疆

一 老景安閒心意足羨君有子振家聲

二 五十七八 和氣融融家門迪吉

三 暮景多憂不遑安穩

四 命有七子先天預定

五 橋梓皆孝廕陰隲德綿綿

六 五月 已到南山上一層竚看陽春景色明

七 運行正才安且吉洲人內助振家聲

八 七十二 幾年踪跡遂飛萍今日辭歸伴白雲

九 五月 合月空費人化解

八百七十 七煞之運有不仁

一　七十五六　享平安之福
二　五九六十　靜中有動好花迎風
三　幸遇紫微星化解有救神
四　二十一二　永關雎之詩樂君子之逑
五　六月　福星高照
六　又二月　鵲噪筵前喜事頻添
七　昆玉皆登龍虎榜聯輝棣蕚世間稀
八　運行正才運寔佳吉星相照吉人家
九　四十五六　名列膠庠
八百八十　出繼成立處兩椿萱

一 五十三 春風和氣景物自娛
二 四十八 月轉南樓夜未央子規啼血斷人腸
三 三十五六 若遠若近依稀行徑
四 六月 合天德福星貴人化解
五 十七八 雲開見太陽遊人樂无疆
六 命有五子先天註定
七 五十一二 時順時逆順逆不一
八 更羨嗣君能發達安閒老景福滔〻
九 六月 昨夜轉陽和今朝喜氣多
八百九十 七煞〻運有不仁栽花天泥葉離青

一　二九三十　演武及第

二　二十七　好樹陰涼行人止步

三　六十三　皓首穷經名當鄉荐

四　喬梓俱登龍虎榜積厚流光信允証

五　五六歲　每日無求童年風流

六　君有三子数中洞然

七　瘋癱悪疾前世已定

八　二十八　不足於時事难遂意

九　二歲　呱々雖有灾幸賴吉神解

六千九百　七十四三　任受學教化及芹宮

一	七十三四	安閒無事足饒生趣
二	五九六十	朝誦暮歌安享昇平
三	四十五六	思樂泮水有採其芹
四	三十	眉頭多蹙事多蹇滯
五	一歲	根如松柏終歲長壽
六	三十七八	事成底績家門奕奕
七		數有二子先天註定
八	四十一二	運來事事成眼前物色新
九		更有賢郎能立志老來家業見昌隆
九百一十	二十五六	枝舞春風樂意相從

一		七煞数不仁如花弗遇春
二	四十一二	恩星照命官禄榮陞
三	六十八	数該生子
四		初任守備兵民瞻仰
五		合八座貴人化觧
六	六九七十	憂轉為喜夢寐始醒
七		百藝若能識藝多自成多
八	二十五六	運際亨通所謀就緒
九	四十七八	貴人點頭事多克濟
九百二十		印偏本不佳身弱却喜他

九百三十

一　七煞之運欠亨通雲開雲掩月朦朧

二　十五六　梅花吐香萬卉爭妍

三　四十一二　忌星相照榮陞之年

四　七十三四　是非從天降破耗受熬煎

五　六月　花蕊初紅卻遇暴風

六　兄弟十人同父異母

七　五九六十　憂煩已滿欢喜頻来

八　四十一　炊臼之夢正在此年

九　兄弟五人同父異母

十　又四月　吉無不利財喜双獲

一	四十三四	畫餅充飢行藏不宜
二	四十四	大哉乾元萬物資生
三	四十三四	吉星照命官祿榮膺
四	四十三四	連朝風雨今日晴明
五		運行正官光景無边
六	二十十三四	吉曜相扶人情舒暢
七		昆玉四人一開別樹
八	二十五六	天運湊合洵非偶然
九	四歲	白虎臨雞辛有化時
九百四十		不僧不俗辛苦勞碌

一　合陌越阡貴人化解

二　六十二　於今往事却难留大梦歸去繞奏楼

三　三歲　樹茂根深不怕風雨

四　五十 二一　圖事順利流年有益

五　運行正官人物迪吉

六　有妻竟活離祿薄不相宜

七　四十 六五　無端百舌鬧枝頭惱殺春眠人在楼

八　七十　年登古稀休回首白雲千載空悠々

九　運行偏印作事遂意

九百五十　五十　青雲扶足下 鄉科及第歸

一 六十 老來生子

二 四十七 運至時來謀為順遂

三 二十五 風折椿枝昊天罔極

四 功名君有分無奈得復失

五 運行正官閨门平安

六 六十四 歌舞林中春寂〻今朝别去時舊人

七 六十七八 時逢恩星榮任學校

八 六十六 老來登科第龍頭屬老

九 七煞数不仁持家要小心

九百六十 四十四 不出门庭福自天中

九百七十

一 漫道比肩有不仁比肩助我有精神

二 十二 朦々朧々山色有無中

三 此刻有金水之年方合此卦

四 梟神之運梟又梟蔡陽無計又逢曹

五 二十二 物得真機事合宜春風桃杍又逢時

六 更喜後園花果樹蘭馨桂馥姓名香

七 四十 有利無害其年吉慶

八 五十九 老々将之難免孝服

九 入室鼓鬲頓改令人眉目俱新刻披

十 梟神運非祥春草遇風霜

九百八十

一	四十三四	官職陞遷流年之慶
二		羨君有子能通達老景安閒逸樂多
三	五十七	数談生子
四	二十三四	快樂無求淂意忘憂
五		梟神之運実不宜鳳凰變作烏雀啼
六		命有三子完全难期方合氐土度
七	四十三四	快樂無边圖謀順利
八		先天造化起朦朧生徒濟ゝ羨馬融
九	五歲	無疾無灾其年吉利
十	五十三	瑞氣融ゝ景色大非前日

九百九十

一		位列詞林名高待詔
二	四十三 四十四	守舊有淂窮圖無功
三	五十七 五十八	良人永別定於斯年
四		此刻離祖而興祖業難靠方合柳水度
五		温良君子德仁厚丈夫心
六	六十三	一夢南柯竟不回
七		春亨相遇大往小来
八	三十三	無边紅紫天地陽春
九	三十八	已悟空中妙方知色是空
十		命有四子数完全力合並宮起数

一	二	三	四	五	六	七	八	九	七千
	三十五 三十六		五十一 五十二	三十七 三十八	四十三 四十四	七十七 七十八			

一最(生)才源無消長千原坦道度年華
吉喜照门閭動止皆有度
刑子之年屬水火方合
月色沉西樹被風折
柔能劉克水火既濟
貴德來扶謀之皆順
野酒村花處處香風前醉倒樂無疆
淂愛老人君真快請伏邪魔救世人
尅子之年屬金火方合
数有八子数不過屬金方合胃水度